いまを乗り越える

哲学のすごい言葉

JN129147

晴山陽一

青春新書
PLAYBOOKS

哲学カフェにようこそ！

こんなふうにイメージしていただきたい。

古今東西の哲学者と、その取り巻き連中が集まって来る哲学カフェがある。

今日もまた、誰か哲学者がやって来て、何か気の利いたことを言う。それに対して、また誰かが、思いついた言葉を吐く。取り巻き連中も黙ってはいない。

私はカウンターにいて、毎晩それを聞いている。キルケゴールに「相変わらず冴えてるね！」と声をかけたり、ヘーゲルに「もう少しわかりやすく言ってくれませんか？」と頼んだりする。

そんな記録を集めたのが、この本である、と。

編集部から「現代でも使える、生きのいい名言を集めてください」と依頼された。なので、「使えない言葉」は一つも入れていない（つもりだ）。また、細かいことを言うと、哲学的に価値のある名言を集めたので、必ずしも「哲学者の名言」とは限らない。思いがけぬ人物の言葉を見つけたとしても、どうか文句は言わないで欲しい。

では、ある日の哲学者たちの、才気あふれる言葉や、時にはお茶目な言葉を、存分にお楽しみいただきたい。

私が大学で哲学科の門をたたいてから、ちょうど半世紀になる。二百冊目にして、念願の哲学本を書くことができた幸せを、いまかみしめている。

令和元年七月　晴山陽一

いまを乗り越える哲学のすごい言葉《目次》

第一章

哲学者、人生を語る

第二章

哲学者だって愛を語る

第三章

時計をにらむ哲学者

第四章

哲学者って、どんな人たち？

第五章 語りえぬものを語る

第六章

天才は偉大にして孤独

第七章

お金は世界を旅行する

第八章

まだ何か言いたそうな哲学者

第一章

哲学者、人生を語る

哲学者、人生を語る

生き方

毎日を最後の一日のように思いつつ生きよ。

（セネカ）

【ルキウス・アンナエウス・セネカ】

前1頃〜65　古代ローマの哲学者、政治家、著述家
スペインのコルドバに生まれ、コルシカに追放されるがローマに呼び戻され、皇帝ネロの教育を任される。その後、陰謀に巻き込まれて最後は自害する。『怒りについて』『人生の短さについて』などは、今も読み継がれている。

どんなに立派な考えを持っていても、眉間にしわを寄せ、毎日が楽しく意味ある人生でなければ、生きる価値を感じないのではないでしょうか？

右ページの句を見て、ジョブズの次の有名な言葉を思い出した方もいるでしょう。

「もし今日が自分の人生最後の日だとしたら、今日やる予定を私は本当にやりたいだろうか？」（ジョブス）

スタンフォード大学の卒業式で行った伝説のスピーチの最後のほうで語られた名句です。この「最後の日」という発想（思考実験）は、二千年前のセネカから、脈々と受け継がれているのです。順に見てみましょう。

「明けゆく毎日をお前の最後の日と思え。そうすれば、当てにしていなかった日は、お前の儲けになる」（モンテーニュ）

「明日死ぬかのように生きろ。永遠に生きるかのごとく学べ」（ガンジー）

このガンジーの言葉では、人生は有限ですが、学びは永遠であることが示唆されています。ガンジーには、次のような印象的な言葉もあります。「われわれが今日のことに気をつかえば、明日のことは神が気づかってくれる」。

生き方

たとえ明日、世界が滅亡しようとも、
私は今日、りんごの木を植える。

（ルター）

【マルティン・ルター】

1483～1546　ドイツの神学者・作家

1517年、「95ヵ条の抗議文」を教会門扉に掲げ、宗教改革の口火を切る。1521年に『キリスト者の自由』などを発表。讃美歌を作り、『聖書』のドイツ語訳に情熱を傾けた。

核兵器の誤発射や誤作動で、世界が一瞬で終焉を迎える可能性のある現代、この言葉はますます切実な実感を伴って読むことができます。冗談ではなく、世界はちょっとした手違いで、一瞬にしてゲームオーバーになりかねません。

気を取り直して、次の名句に進みましょう。

「いつかできることは、今日でもできる」（モンテーニュ）

明日をも知れぬ身であり、明日をも知れぬ世界なればこそ、「いつかやろう」ではなく「今日こそやろう！」という気持ちの持ちようが大切です。この人生で「いつかはやろう」と思っていることを、今日やってはいけない理由は一つもないのです。

「賢者は、生きられるだけ生きるのではなく、生きなければならないだけ生きる」（モンテーニュ）

人生百年時代と浮かれて、日々を無為に過ごしている人には、ハッとさせられる名言ですね。漫然と生きるのではなく、生きる意味を感じつつ、はつらつと生きたいものです。

最後にドイツの宗教家トマス・フラーの警句をお付けします。

「今日の卵を得るより、明日の鶏を得るほうがよい」（トマス・フラー）

人生

人生は、後ろ向きにしか理解できないが、
前向きにしか生きられない。

（キルケゴール）

【セーレン・オービエ・キルケゴール】

1813～1855　デンマークの哲学者、神学者
ヘーゲルの弁証法と教会キリスト教に反対。20世紀の実存主義に大きな影響を与えた。偽名で、『あれかこれか』『反復』『不安の概念』『死に至る病』などの名著を相次いで刊行した

人生という言葉を織りこんだ、哲学者たちの名言に耳を傾けることにします。
まずはキルケゴールのこの言葉から。「主体性」という概念の発見者にふさわしい名言です。実際には過去を向いて生きる人のほうが、はるかに多いようですが……。後ろ向きに歩いているなら、何に当たったっても文句は言えないと思います。
「人生は解かれるべき問題ではなく、経験されるべき現実である」（キルケゴール）
これも、実存哲学の先駆者であるキルケゴールの、人生を語る言葉です。ヘーゲルの思弁哲学を批判して、主観的な体験を哲学の出発点にしました。
「人生は道路のようなものだ。いちばんの近道は、ふつういちばん悪い道だ」（ベーコン）
近道を抜けようと思うと、思いがけぬ障害に突き当たったり、道に迷ったり、結局は普通の道を行ったほうが早かったということも、まま起こります。
「私は人生でないものを生きることを欲しなかった」（ソロー）
アメリカ人のソローは、文明生活に嫌気がさし、ウォールデン湖畔の一軒家で半自然的な暮らしを試みました。彼によれば、多くの都市生活者は「人生でないものを生きている」ことになります。

人生

人生には二通りの生き方しかない。
一つは、
奇跡など何もないと思って生きること。
もう一つは、
あらゆるものが奇跡だと思って生きること。

（アインシュタイン）

【アルベルト・アインシュタイン】

1879〜1955　ドイツ生まれの理論物理学者

16歳の時に得た着想を基に、1905年に特殊相対性理論に関する論文を発表。1921年のノーベル物理学賞を受賞。ナチスの迫害を避けるために1933年にアメリカに移住し、終生世界平和を訴え、晩年には世界政府論を説いた。

哲学者は、あらゆることに驚きの目を向け、知的探求の対象にします。

頭上に雲が湧いても、足下をクモがはっても、すべては奇跡のなせるわざ。科学者のアインシュタインは、人間の空間と時間の概念を根本から変えた人です。見方によっては、〝哲学者の中の哲学者〟と言うことができます。

同じ人間の生きざまを語っても、フランスの文学者ブリュイエールが語るとこうなります。

「人間にとって、ただ三つの事件しかない。生まれること、生きること、そして死ぬこと。生まれるときは気がつかない。死ぬときは苦しむ。そして生きているときは忘れている」。（ブリュイエール）

彼は不朽の名作『人さまざま』を世に残しました。これほど的確にして秀逸な人生描写は、他に例を見ません。お次はスイス人のルソーに登場してもらいましょう。

「われわれはいわば二度生まれる。一度目は生存するため、二度目は生活するため。一度目は人類の一員として、二度目は性を持った人間として」（ルソー）

人間の一生は、自分が生まれたことの意味を探す旅なのかもしれません。

世界を動かそうとする者は、まず自分から動かなくてはならない。

（ソクラテス）

【ソクラテス】

前469頃～前399　古代ギリシャの哲学者

相手に言葉の定義を求めることから発して、やがて相手に無知を自覚させるソクラテス式弁証法が、その後の哲学の歴史に与えた影響は計り知れない。青少年を惑わせたという嫌疑で死刑判決を受け、毒杯を仰いで亡くなった。

古代ギリシャに生き、アテネの市民だったソクラテスの行動基準は、常にグローバルスタンダード。私利私欲からでも、自分の党派のためでもなく、いつも世界に恥じない行為を心がけていました。彼は、裁判所の判決に従って毒杯を仰いで死にましたが、心は常に世界を見ていました。

「心が変われば、行動が変わる。行動が変われば、習慣が変わる。習慣が変われば、人格が変わる。人格が変われば、運命が変わる」（ジェームズ）

アメリカの哲学者、ウィリアム・ジェームズは哲学者であると同時に、卓越した心理学者でした。この言葉は、ヒンズー教の教えをベースにしているといわれています。もう一つジェームズの言葉をご紹介しましょう。

「今世紀における最大の発見は、人間は心構えを変えることによって、その人生を変えることができるということである」（ジェームズ）

ソクラテスの言葉の余韻は、今に至るまで世界に響き渡っているのです。

フランスの哲学者ベルクソンは、こんな気の利いた表現を残しています。「思索する人として行動し、行動する人として思索しなくてはならない」。

行動

困難だからやろうとしないのではない。
やろうとしないから、困難なのだ。

（セネカ）

【ルキウス・アンナエウス・セネカ】

前1頃〜65　古代ローマの哲学者、政治家、著述家

スペインのコルドバに生まれ、コルシカに追放されるがローマに呼び戻され、皇帝ネロの教育を任される。その後、陰謀に巻き込まれて最後は自害する。『怒りについて』『人生の短さについて』などは、今も読み継がれている。（012ページ参照）

この論法を、哲学者は非常に好みます。いくつか例をあげてみましょう。
「苦しいから逃げるのではない。逃げるから苦しくなるのだ」（ジェームズ）
実際、野原で見かけた蛇から逃げれば逃げるほど、ゾクッと恐怖感は増すものです。
「悲しいから泣くのではない。泣くから悲しくなるのだ」（ジェームズ）
この理論を応用して、こんなことを言った人もいます。「くよくよ悩む人は、姿勢が悪いから悩むのだ。逆に、胸を張ると、人間は悩むことができなくなる！」と。
フランスのアランも、同工異曲《どうこういきょく》、同じ論法を使っています。
「笑うのは幸福だからではない。むしろ、笑うから幸福なのだ」（アラン）
ところで、イギリスの文豪、サマセット・モームはこんなことを言っています。
「毎日、嫌いなことを二つずつ行うのは、魂のためにいいことだ」（モーム）
これもまた、耳を傾ける価値のある名言です。ある小学教師が、「校庭のゴミを拾いなさい！」と号令をかけてもテコでも動かない子供たちに、「今日はゴミを三つだけ拾ってみよう！」と声をかけたら嬉々としてゴミ拾いに散らばった、といいます。ものは言いようですね。

幸福

電車の運転手は、
バスの運転手ほど幸福ではない。

（アラン）

【アラン（本名エミール＝オーギュスト・シャルティエ）】

1868～1951　フランス出身の哲学者、評論家

哲学者というよりはモラリストに近く、活発に文筆活動を行った。プロポ（言いたいこと）という新聞コラムを毎日書き続け、それらが『幸福論』などの著作となって結実した。『定義集』『精神と情念に関する81章』などが有名。

電車の運転手とバスの運転手は、どちらが幸せか？ こんな珍妙な問いに答えてくれるのが、フランスの哲学者アランです。決められたレールから外れることのできない電車の運転手より、自らハンドルを握って車を操る自由を持つバスの運転手のほうが幸福感が大きいと考えたわけですね。アランは、こうも言っています。

「人間は意欲すること、そして創造することによってのみ、幸福である」（アラン）

ローマの哲人皇帝アウレリウスは、こう言い切ります。

「幸福は、その人が真の仕事をするところに存在する」（アウレリウス）

ところで、昆虫の研究に生涯をささげたファーブルと発明王エジソンが、異口同音にこんなことを言っています。

「一分間さえ休む暇のないときほど、私にとって幸せなことはない。働くこと、これだけが私の生きがいである」（ファーブル）

「私は一生涯、一日たりとも仕事を持ったことはない。それらのすべてが、私にとっては楽しみだったから」（エジソン）

やりたいことをやっていると、仕事は楽しみに変わるのです。

幸運

幸運は、大胆な人たちに笑いかける。

（ヒポクラテス）

【ヒポクラテス】

前460頃〜前370頃　古代ギリシャの医者

古代ギリシャの伝説的な医師。ヒポクラテスの真作と考えられている著書に、『流行病』『予後』がある。治療をできるだけ控え、自然の回復力に任せることなどを説き、医学の父と呼ばれている。

幸運は、うじうじ迷っている人のもとには訪れません。大胆に、果敢に行動する人は、多くの結果と可能性を手にします。

「すべて賭けをする者は、不確実なものを得んがために確実なものを賭ける」（パスカル）

未来は不確実なもの。だからといって未来を不安に思う必要はありません。可能性に向かって手を伸ばすことによって、人間は前に進み、上に昇ることができます。

「運命は、われわれを幸福にも不幸にもしない。ただ、その材料をわれわれに提供するだけである」（モンテーニュ）

「運命がカードを混ぜ、われわれが勝負する」（ショーペンハウエル）

カードを混ぜるのは運命だが、どのカードを引き、どのカードを残すかはわれわれの手に委《ゆだ》ねられている、というのですね。それゆえ、ベーコンはこう言い切ります。

「およそ、人の運命は、本人の手中にある」（ベーコン）

最後にロシアの作家、ドストエフスキーの名句で締めくくることにします。

「幸福は幸福の中にあるのではなく、幸福を手に入れた瞬間にある」

不幸に陥る人は、自分のことだけを考えている。

（アドラー）

【アルフレッド・アドラー】

1870〜1937　オーストリア出身の精神科医、心理学者

同じウィーン育ちでユダヤ系のフロイトと親交が深く、共に研究していたが、1911年に決裂し、独自の個人心理学を打ち立て、実践活動を重視した。『嫌われる勇気』（岸見一郎他著）のヒットで、日本でもアドラー人気が高まっている。

スピーチを前にあがる人は、自分のことばかり考えています。「うまく話したい、はたして原稿通りに話せるだろうか？」などと。しかし、聴衆のことばかり考えている人は、あがるヒマがありません。アドラーが言うように、不幸になる人は、自分のことばかり考えて、どんどん煮詰まっていく人です。アドラーはこうも言います。

「どうしたら人を喜ばすことができるか、ということを毎日考える人」は不幸にならない、と。

これに対し、不幸を招く人というのは、次のようなパターンです。

「自分はいま幸福かと自分の胸に問うてみれば、とたんに幸福ではなくなってしまう」（ミル）

「不幸な人間は、いつも自分が不幸であるということを自慢しているのです」（ラッセル）

こうして見てくると、不幸な人は、不幸を愛しているとすら言いたくなります。シェークスピアも、こう保証しています。

「過ぎ去った不幸を嘆くのは、すぐまた新しい不幸を招くもとだ」（シェークスピア）

チャンスは、発見するたびにつかまなくてはならない。

（ベーコン）

【フランシス・ベーコン】

1561～1626　イギリスの哲学者、法学者、政治家

『新機関』『学問の進歩』などを書いたベーコンは、観察と実験によって認識に達するという経験的帰納法を唱えた進歩的な学者だった。政治家としては、賄賂の罪で投獄されるなど、不面目な晩年となった。

つまり、チャンスをつかめない人は、チャンスがないのではなく、チャンスを発見するアンテナが弱いのだということです。そして、チャンスを発見したら、果敢につかみ取らなければ、チャンスはすみやかに去っていきます。

「偶然は準備のできていない人を助けない」というパスツールの言葉も有名です。

もう一度、ベーコンに戻りましょう。

「賢い者は、チャンスを見逃さない。しかし、自らそれ以上のチャンスをつくる」（ベーコン）

最近、「引き寄せの法則」が流行っていますが、「チャンスを引き寄せる人」は、「チャンスに引き寄せられている」とも考えることができます。「あなたが探しているものは、向こうもあなたを探しているのです」と平易に語った人もいます。

最後に印象的な現代人の名言を二つ。

「チャンスに出会わない人間は一人もいない。それをチャンスにできなかっただけである」（カーネギー）

「この世に生を受けたこと。それ自体が最大のチャンスではないか」（セナ）

第二章

哲学者だって愛を語る

愛

人は愛している限り、許す。

（ラ・ロシュフコー）

【ラ・ロシュフコー】

1613〜1680　フランスの貴族、モラリスト文学者

大貴族の家に生まれ、恋と野望うずまく波乱の人生を送ったが、二度の負傷ののちに隠遁し、著述に専念。その代表作『箴言集』は、現在まで読み継がれている。現代風に言えば、コピーの先駆者。

哲学者だって恋はします。そして、愛について語ります。「人は愛している限り、許す」。なんと簡潔な言葉でしょう。そして、愛に関して、これほど的確な言葉があるでしょうか？　人を許すことができない時、そこには愛がないのです。

「弱い者ほど相手を許すことができない。許すということは、すなわち強さの証《あかし》なのだ」（ガンジー）

愛は、相手を許すことができるから、最強なのです。多くの人は、心が弱く、愛する力も弱いために、人を許すことができず、恨みや嫉《ねた》みに時間を空費してしまいます。

「愛するということは、すべてを成しうることだ」（チェーホフ）

愛があれば、すべては可能になる。言い方を変えると、物事がうまくいかないのは、愛が足りないせいだということになります。たとえば、お店が繁盛しないのは、お客さんへの愛や、食べ物への愛が足りないせいかもしれません。

最後に、オランダの孤高の哲学者、スピノザの言葉を見てみましょう。

「愛は、憎しみから始まった場合のほうが、より大きくなる」（スピノザ）

心は振り子のようなもの。憎しみのエネルギーは、一瞬で愛のエネルギーに転化します。

人類愛

神は汝の敵を愛せとは言ったが、好きになれとは言わなかった。

（ニーバー）

【ラインホルド・ニーバー】

1892〜1971　アメリカの神学者

ドイツ移民の牧師の子としてミズーリ州に生まれる。各地の神学校で学び、デトロイト、ニューヨークで活動。『道徳的人間と非道徳的社会』『人間の本性と運命』などの著作がある。

なんてうまいことを言うのでしょう。たしかに「愛する」より「好きになる」という言葉のほうが、はるかに正直で、心のこもった言葉に感じます。

「人類を全体として愛することのほうが、隣人を愛するよりも容易である」（ホッファー）

この言葉を見て思うのは、哲学者はなかなか正直者だ、ということです。ホッファーによれば、「抽象的な人類愛より具体的な隣人愛のほうが、はるかに難しい！」のです。彼は港湾労働者をしながら、大学で哲学を講じる異色の哲学者でした。

「人間一般を知ることは、一人ひとりの人間を知ることよりやさしい」（ラ・ロシュフコー）

一人の人間、一人の人生は、まさに深淵《しんえん》であり、簡単に理解することなどできません。妻を理解している夫も、夫を理解している妻も、めったにいません。

さて、話を「汝の敵」に戻します。ニーチェがこんなことを言っています。

「汝は汝の敵について誇りを感じなくてはならない」（ニーチェ）

「敵には嫌うべき敵を選び、軽蔑すべき敵はけっして選ぶな」とも。軽蔑すべき敵を相手にすると、いつの間にか自分も同類になってしまいます。

人間

人間は万物の尺度である。

（プロタゴラス）

【プロタゴラス】
前490頃〜前421　古代ギリシャのソフィスト
哲学史上最初にソフィストを名乗った。ソフィストは弁論術を世に広めようとする一派で、極端な場合は相手を説得さえできれば、真実を語る必要すらないとする。プラトンによって厳しく批判された。

これはとても説得力のある発言です。たとえば、冷暖も、「人間にとって冷たい・温かい」ということであり、絶対的な冷たさ・温かさ（熱さ）というものは存在しません。プロタゴラスに敬意を表して、この言葉の続きもご紹介しましょう。

「人間は万物の尺度である。有るものについては有ることの、有らぬものについては有らぬことの」。

のちに哲学者たちの言葉をまとめ、後世に残したディオゲネス・ラエルティオスは、「プロタゴラスは、それぞれの事柄について、互いに相反する二つの言論がある、と言った最初の人である」と書き残しています。

歴代の哲学者たちが、人間をどのように定義づけているか、順に見ていきましょう。

「人間は探求する存在である」（プラトン）

「人間は政治的な動物である」（アリストテレス）

「人間は社会的な動物である」（スピノザ）

「人間は考える葦《あし》である」（パスカル）

ちなみに私は、「人間は、たまには考える葦である」と考えています。

夫婦生活は長い会話である。

（ニーチェ）

【フリードリヒ・ヴィルヘルム・ニーチェ】

1844〜1900　ドイツの哲学者、古典文献学者

早熟な学者で、大学卒業前にバーゼル大学の古典文献学教授に就任。ワーグナーを称賛する『悲劇の誕生』が処女作。『ツァラトストラ』で超人思想を展開。1889年に精神障害を起こし、二度と回復することはなかった。

たしかに夫婦生活は、長い長い会話です。話がはずむときもあれば、数日言葉を交わさないこともあるでしょう。フランスの小説家、モロワもこう言っています。

「幸福な結婚というものは、婚約のときから死ぬまで、けっして退屈しない長い会話のようなものだ」（モロワ）

しかし、本当に信じ合っている二人には、もはや言葉による確認も必要ないのかもしれません。

「しばらく二人で黙っているといい。その沈黙に耐えられる関係かどうか」（キルケゴール）

フランスの文芸評論家で哲学者のテーヌは、こんなふうに達観しています。

「三週間互いに研究し合い、三か月間愛し合い、三年間喧嘩をし、三十年我慢し合う。そして子供たちが同じことをまた始める」（テーヌ）

人類は、このようなサイクルを繰り返しながら、数百万年を生きながらえてきたのかもしれませんね。「人生の前半は親に台無しにされ、後半は子によって台無しにされる」と喝破《かっぱ》したのは、アメリカの弁護士、クラレンス・ダローです。

男女

女、この生きている謎を解くためには、
それを愛さなければならない。

（アミエル）

【アンリ・フレデリック・アミエル】
1821～1881　スイスの哲学者、詩人
ジュネーブ大学で美学と道徳哲学を教える。1847年から綴られた膨大な日記が死後に刊行された。この結果、評論家としての名声が築かれた。『アミエルの日記』3巻本が岩波文庫で刊行されている。

素晴らしい言葉です。女も男も、愛してみて、その本当の姿がわかるというのです。特に女性は、一見弱そうに見えても、愛を受けると強靭《きょうじん》さを発揮します。

「女とは、神の第二の失敗作」。こう言ったのは、ニーチェです。「第二の失敗作」と言ったところがミソで、「第一の失敗作」は当然、男だったということになります。

それを証拠立てる言葉もあります。

「人間とは、一週間の仕事が終わり、神様がお疲れになった時に作られた生き物！」（トウェイン）

疲労の極《きょく》で作ったにしては、なかなかよく出来ていると思いますがね。

「恋愛を一度もしなかった女にはよく会うが、恋愛を一度しかしない女には、めったに会わない」（ラ・ロシュフコー）

女性は、なかなか恋に陥らないが、一度でも陥ると、何度でも恋をするようになる、というのですね。恋の達人、オスカー・ワイルドはこう書いています。

「男は常に女の初恋の人になろうとする。女は男の最後のロマンスになろうとする」（ワイルド）。また、「人は常にその初恋に戻る」と言った人もいます。

恋愛

恋は結婚より楽しい。
小説が歴史より面白いのと同じ理由で。

（カーライル）

【トマス・カーライル】

1795〜1881　イギリスの歴史家、評論家

ドイツに心を惹かれ、『シラー伝』『フリードリヒ大王伝』を書いた。時事評論やさまざまなエッセイを残したが、『衣装哲学』『エディンバラ評論』などが有名。

恋は一編の詩であり、結婚は散文である、とも言えるかもしれません。もちろん、散文には散文の良さがありますが、詩は閃光《せんこう》のような強烈な印象を残します。「一編の詩は流星である」と書いたのは、アメリカの詩人、ウォレス・スティーヴンズです。

「恋愛に年齢はない。それはいつでも生まれる」（パスカル）

人生は法律の世界とは違います。恋に落ちるのに、早すぎることも遅すぎることもありません。

「男は妻や愛人が嫌いになると、逃げようとする」（ボーヴォワール）

では、女は？　さすがはボーヴォワール、ちゃんと答えてくれています。「だが、女は憎い男には仕返ししようと、手元に抑えておきたがる」。女が自分のもとを去らないのは、もしかしたら仕返しする機会をねらっているのかもしれません。

最後に永遠のセックス・シンボル、マリリン・モンローに登場してもらいましょう。

「男性と平等でありたいと求めるような女性は、野心が足りない！」（モンロー）

これは、別の女性の言葉を引用しただけ、という説もあります。でも、ご説ごもっとも。モンローが男などと競う必要はないのです。

友

朋友はわが喜びを倍にし、
悲しみを半ばとする。

（キケロ）

【マルクス・トゥッリウス・キケロ】

前106～前43　共和政ローマの政治家、哲学者

「祖国の父」と慕われたが、カエサルが殺害されたあとは不遇で、最後は自分の領地で命を落としている。58の演説と哲学的な著作が残されており、今に残る名言も多い。

時間の流れを超越した名句というものがあります。このキケロの名言もそのひとつ。たとえば、ドイツの詩人ディートゲは、こんなふうに言い換えています。

「喜びを人と分かつと喜びは二倍になり、苦しみを人と分かつと、苦しみは半分になる」(ディートゲ)

哲学畑からは、次のニーチェの言葉をお目にかけましょう。

「苦しみを共にするのではなく、楽しみを共にすることが友人をつくる」(ニーチェ)

再び、時の流れを古代に戻します。

「われわれを助けてくれるのは、友人の援助そのものより、友人の援助があるという確信である」(エピクロス)

たしかに「自分には助けてくれる友達がいる！」と言い切れることは、最大の心の支えとなるでしょう。最後に、アリストテレスの極め付きの名句を二つ。

「多くの友を有する者は、一人の友も得ず」(アリストテレス)

「友は第二の自己である」(アリストテレス)

ときには、自分以上に自分のことを思ってくれる友達もいます。

他人とは、自分自身の心を読み取ることのできるレンズである。

（エマソン）

【ラルフ・ウォルドー・エマソン】
1803～1882　アメリカの哲学者、詩人
ドイツ観念論を学びつつ、アメリカの知的独立をめざし、国民意識の滋養に貢献した。アメリカを代表する哲学者のひとり。詩人だけあって、短句で人の心をつかむ才能があった。

「他人」というのは、哲学では大きなテーマなんです。極端な例として、「確かなのは自分の存在だけであり、他人の存在は幻影にすぎない」という考え方すらあります。

このエマソンの名句は、他人の存在を「自分自身の鏡のようなもの」と説いています。

心理学では、「自分が嫌う人は、自分の中の嫌いな部分を持っている人」という考え方もあります。スイスの精神科医ユングは、次のように述べています。

「人に対して感じるいらだちや不快感は、自分自身を理解するのに役立つことがある」（ユング）

もっと激烈な言葉を吐いているのは、フランスのサルトルです。

「地獄とは、他人のことだ」（サルトル）

自分も一つの深淵です。しかし、他人の心はそれ以上の深淵であり、へたに手を出すと大やけどをしかねません。

深淵という言葉で忘れられないのは、ニーチェの次の言葉です。

「深淵をのぞく時、深淵もまたこちらをのぞいているのだ」（ニーチェ）

人間は誰もが、地底深くに穿《うが》たれた深淵なのかもしれません。

われわれは他の人たちと同じになろうとして、自分自身の四分の三を失ってしまう。

（ショーペンハウエル）

【アルトゥール・ショーペンハウエル】

1788～1860　ドイツの哲学者

厭世観を基調にした哲学者で、主著『意志と表象としての世界』では、東洋的な世界観を哲学の世界に持ち込んだ。『読書について』『知性について』などの小著で、日本にもファンが多い。

「憧」という字は「子供の心」と分解することができます。純粋無垢な心の中に現れる理想像、それが「憧れ」なのかもしれません。しかし、自分を失うほどに他人に憧れると、このショーペンハウエルの警句のような事態になりかねません。

フランスの小説家、ロマン・ロランは、次のように言っています。

「他人のうしろから行くものは、けっして前進しているのではない」（ロラン）

人間の心には、目の前の人の行為をモデルとしてまねる力があり、それこそ学習の素地になります。早い話、「まなぶ」は「まねぶ」から来ています。しかし、何でも無批判にまねるのは危険です。

「人は、他人と違っているのと同じくらい、自分自身とも違っている時がある」（ラ・ロシュフコー）

とても深い人間観察ですね。自分はつねに変化しています。「自己同一」はけっして頼りになる概念ではないのです。とどめを刺すのは次のラッセルの言葉でしょう。

「二つの心によって同時に理解されるものなど、絶対にない」（ラッセル）

自分すら自分でないなら、他人と認識を共にすることなど不可能だというのです。

自他

他人ではなく、
自分自身を凌《しの》ぐように努めよ。

（キケロ）

【マルクス・トゥッリウス・キケロ】

前106〜前43　共和政ローマの政治家、哲学者

「祖国の父」と慕われたが、カエサルが殺害されたあとは不遇で、最後は自分の領地で命を落としている。58の演説と哲学的な著作が残されており、今に残る名言も多い。（046ページ参照）

学校の成績の付け方に、相対評価と絶対評価があります。相対評価は他人と比べての評価なので、他の全員が九十五点以上なら、九十四点でも「一」の最低評価になってしまいます。これに対し、絶対評価では、その人がどれだけ頑張って向上したかが評価基準になるので、いつも零点の人が十点取っても「五」の評価を受ける可能性があります。

このキケロの言葉は、絶対評価の肩を持った言葉といえます。フランスの評論家、ヴァレリーの次の言葉も印象的です。

「私を、他の連中と比較しないでいただきたい。第一に、あなたは私という人間を識《し》っていない。それに、他の連中のことも識ってはいない」（ヴァレリー）

自分と他人を比較する心から、嫉妬や羨望の感情が生まれます。「嫉妬は常に他人との比較においてであり、比較のないところには嫉妬はない」と言ったのは、イギリスのベーコンです。

人間の頼りなさに関しては、次のラ・ロシュフコーの言葉も参考になります。

「自分の秘密を自分自身が守れないのに、相手に守ってくれなどと、どうして言えよう？」（ラ・ロシュフコー）

第三章

時計をにらむ哲学者

時計をにらむ哲学者

今

現在はその一部が将来、他が過去である。

（クリュシッポス）

【クリュシッポス】

前279～前206　古代ギリシャの哲学者

20歳の頃にアテナイに来て学び、のちにゼノンが創始したストア派の中心となる。「クリュシッポスがいなければ、ストア派も存在しなかっただろう」と言われる。膨大な著作を著したが完全な形で残るものはない。

時間は、哲学者の好む話題のひとつです。時間に関する見方は、大きく二つあります。「今」を瞬間としてとらえようとする見方と、「今」を流動的なものととらえようとする見方です。

ストア派の代表的な哲学者だったクリュシッポスは、「今」をとらえようとすると、その一部は将来であり、他は過去である、つまり純粋な「今」をとらえることはできない、と考えました。のちにパスカルもこう書いています。

「われわれは常に現在にいたためしがない」（パスカル）

時間について深く考えたフランスのベルクソンは、次のように語っています。

「今がやってくると思うとき、それはまだ存在していない。今が存在していると思うとき、それはすでに過ぎ去っている」（ベルクソン）

これは、「時は流れる」という、われわれの感覚にも合った見方です。

最後に万能の天才、レオナルド・ダ・ヴィンチの詩的な表現をお楽しみください。

「君が手にふるる水は過ぎし水のものにして、来るべき水の最初のものである。現在という時間もまたかくのごとし」（ダ・ヴィンチ）

時計の針が、文字盤の上を五分経過するのを
じっと見つめていることはほとんど不可能だ。
それほどことがらは長くじれったい。

（カミュ）

【アルベール・カミュ】
1913〜1960　アルジェリア生まれのフランスの作家、哲学者
現代人の虚無的な心情を新鮮な感覚で描いた『異邦人』や、エッセイ『シーシュポスの神話』などで華々しくデビュー。1957年にノーベル文学賞を受賞したが、その３年後に自動車事故で亡くなった。

私たちは、「時は流れる」と思っていますが、その流れを客観的に体験することは、不可能に近い。『異邦人』で有名なカミュは、「時計の針が動くのを、五分間見ていることも難しい」と具体的に書いています。ドイツの文豪、ゲーテは、同じことをこんなふうに詩的に表現しています。

「虹も十五分出ていると、もはや誰も眺める者はいない」（ゲーテ）

時間の長さは相対的なものであると喝破したのは、かのアインシュタインですが、彼は、こんなふうにユーモラスに語っています。

「きれいな女性と一緒に座っていると、一時間が一分のように感じられる。でも、熱いストーブの上に一分座ったら何時間にも感じられるだろう。これが相対性原理だ」（アインシュタイン）。相対性原理を説明するために、ここまで卑近な例をあげているのは、驚きに値します。

最後に、アインシュタインと同時代に生きたアメリカの発明家、エジソンの言葉を紹介しましょう。「若い人たちに覚えておいてもらいたいのは、『決して時計を見るな』ということだ」。時間を忘れて研究に没頭したエジソンの面目躍如の名言です。

時間

人生――二つの永遠の間のわずかな閃光。

（カーライル）

【トマス・カーライル】

1795〜1881　イギリスの歴史家、評論家

ドイツに心を惹かれ、『シラー伝』『フリードリヒ大王伝』を書いた。時事評論やさまざまなエッセイを残したが、『衣装哲学』『エディンバラ評論』などが有名。（044ページ参照）

「人生は短く、芸術は長い」と書いたのは、ギリシャの医学者ヒポクラテスです。古来、人生に与えられた時間は有限であり、これを空費してはならないと説く偉人が多くいます。右ページのカーライルの言葉では、「人生は閃光のようにはかない」と説かれています。フランス生まれの画家ゴーギャンは、こう応じています。

「人生はあっという間の瞬間にすぎない。永遠に対して準備するにはあまりにも短すぎる」（ゴーギャン）

アメリカの政治家にして文人、フランクリンは、わかりやすくこう語ります。

「時間を浪費するな、人生は時間の積み重ねなのだから」（フランクリン）。名前の通り、フランクだなあ。

これに比べると、フランスのパスカルは、意味深です。

「この無限な空間の永遠な沈黙が私をおののかす」（パスカル）

「無限な空間」は宇宙を連想します。最後にイギリスのオールダス・ハクスリーの言葉で締めくくることにしましょう。「この宇宙には、ただ一か所だけ修繕のきくところがある。それは、あなた自身だ」。

年齢

最も長生きした人間とは、
最も年を経た人間のことではない。
最も人生を楽しんだ人間のことである。

(ルソー)

【ジャン＝ジャック・ルソー】

1712〜1778　ジュネーヴ生まれ、フランスで活躍した文筆家、哲学者、作曲家

『社会契約論』によって民主主義の原理を考究し、『エミール』によって「自然にかえれ」をモットーとする教育論を展開した。「むすんでひらいて」の作曲家でもある。猜疑心が異常に強く、トラブルメーカーでもあった。

年を経ると、当然ながら人間は老います。年齢を重ねることに関する名句を見てみましょう。ルソーは、「最も長生きした人間は、最も人生を楽しんだ人間だ」と明言しています。これを読んで思い出すのは、往年のアメリカの名女優、ヘレン・ヘイズの言葉です。

「年を取ることでいいのは、バラの匂いを楽しむ機会が増えることね」（ヘイズ）

「年を取ったから遊ばなくなるのではありません。遊ばなくなるから年を取るのです」（ヘイズ）

哲学者の言に戻りましょう。

「若い時は一日は短く一年は長い。年をとると一年は短く一日は長い」（ベーコン）

ここに時間の相対性のパラドックスが語られています。一日一日が短いと一年は長く、日々が長く感じられると一年はあっという間に経つというのです。

「われわれは生涯のさまざまな年齢に、まったくの新参者としてたどり着く」（ラ・ロシュフコー）

これは味読《みどく》すべき名言ですね。中年男はピッカピカの五十歳なのです。

死

生きている限り死んでいないのだから、
死は存在しない。

（エピクロス）

【エピクロス】

前341～前270　古代ギリシャの哲学者

ヘレニズム期の哲学者。快楽主義で有名だが、肉体的な快楽ではなく、精神の平安を快として重要視した。エピキュリアン（快楽主義者）という言葉は、エピクロスに由来する。

年齢を重ねれば、その先には死が待っています。哲学者たちは、どのように死に対し、どんな言葉を残しているのでしょう。

右ページのエピクロスの言葉には、次のような続きがあります。

「死んでいる時は生きていないのだから、死は人間に関係ない。かように、生きている時も、死んでいる時も死は人間に関係ない」（エピクロス）

これは、睡眠と似ているかもしれません。起きている時は眠っていないし、眠っている時は、寝ていることを意識することはありません。

「死なり苦しみなりが恐ろしいのではなく、苦しみなり死なりを恐れることが恐ろしいのだ」（エピクテトス）

エピクロスとよく似た名前のエピクテトスの言葉も、説得力があります。次のセネカの言葉も、同工異曲です。

「死自体より、死の随伴物が人を恐れさす」（セネカ）

さらにルクレティウスは、こう言い切ります。「人間のいだく死の恐怖はすべて、自然に対する認識の欠如に由来する」。哲学者は死を前にしても冷静ですね。

死

死は、人生の終末ではない。生涯の完成である。

（ルター）

【マルティン・ルター】

1483～1546　ドイツの神学者・作家
1517年、「95ヵ条の抗議文」を教会門扉に掲げ、宗教改革の口火を切る。1521年に『キリスト者の自由』などを発表。讃美歌を作り、『聖書』のドイツ語訳に情熱を傾けた。（014ページ参照）

死は人生の終わりなのでしょうか？　もしも人生の終わりだとしても、なぜ人々は死を恐れ、死の不安の中で生きなくてはならないのでしょう？　たとえば、人生を音楽に例えてみましょう。曲の終わりの瞬間を、そんなに重要視し、恐れおののく必要があるのでしょうか？　もっと音楽を楽しんでもいいのではないでしょうか？

ルターは、「死は人生の終わりではなく、生涯の完成である」と高らかに宣言しています。また、フランスの政治家にして小説家、アンドレ・マルローは言います。

「僕が死を考えるのは、死ぬためじゃない。生きるためだ」（マルロー）

イギリスのベーコンの言にも耳を貸しましょう。

「死は誕生とまったく同じように自然である。ひょっとしたら、われわれにとって死が苦痛であるように、赤子にとって誕生は苦痛なのかもしれない」（ベーコン）

前項で、死は眠りと似ているかもしれないと書きましたが、ドイツのショーペンハウエルが、こんなふうに同意しています。

「睡眠は死から借りた行為である。睡眠は生命を維持するために、死から借りるものなのだ」（ショーペンハウエル）

宗教

魂の数と同じ数だけ、神への道はある。

（ラーマクリシュナ）

【ラーマクリシュナ（本名ガダーダル・チャットーパーディヤーエ）】

1836〜1886　インドのヒンズー教の出家者

ベンガル地方の貧しい家に生まれ、ほとんど教育を受けることなく僧侶となり、いくたの神秘体験を得る。その教えは弟子たちによってまとめられた。代表的な弟子、ヴィヴェーカーナンダは欧米にも大きな影響を与えた。

ラーマクリシュナはヒンズー教の聖人ですが、右ページの言葉を読むと、信仰のとらえ方が非常に柔軟だったことがわかります。こんな言葉も残されています。

「一つの貯水池に、いくつもの水汲み場がある。ヒンズー教徒はこちらの水汲み場で水をくんでジョルといい、イスラム教徒はあちらの水汲み場で水をくんでパーニーと呼び、キリスト教徒はまた別の水汲み場からくんで、ウォーターと呼んでいる。一つの神に、いろいろな名前がついているんだよ」（ラーマクリシュナ）

これほど視野の（心の）広い宗教家は、他にいないでしょう。こうも言います。「人間は、慈悲にかけてはキリスト教徒、外的な風習の精密な順守にかけてはマホメット教徒、生あるもののすべてに対する優しさにかけてはヒンズー教徒たれ」と。

ドイツの哲学者、カントも一見、似たようなことを書いています。

「真の宗教はただ一つ存在する。しかし、信仰はさまざまな種類がありうる」（カント）

ラーマクリシュナの考えに近いようにも感じますが、カントが考える神は、多分にキリスト教的な神だったようです。カントは、「宗教とは、すべてのわれわれの義務を、神の命令とみなす認識のことである」とも書き残しています。

人間は一匹の虫けらさえ作り出せないが、一ダースもの神々を作り出した。

（モンテーニュ）

【ミシェル・ド・モンテーニュ】

1533〜1592　フランスの哲学者

高等法院の参事になったが引退し、『エセー』の執筆に専念し、「精神の自己対話」を続けた。歴史に残る懐疑家にしてモラリスト。シェークスピアに引用され、ベーコンに模倣された一流の書き手だった。

この神様に対する遠慮ない物言いは、政治家でもあり、代表的なモラリストとして著作を残したモンテーニュの面目躍如の感があります。

私はこの句を読むと、ナポリの提督だったカラッチョロの次の名言を思い出さずにはいられません。

「イギリスには六十もの異なる宗教があるくせに、ソースはたった一種類しかない」（カラッチョロ）

ちょっと脱線気味ですが、数を使ったユーモアの例を、もう一つご紹介させてください。

「ニューヨークには二百万人からの面白い人が住んでいるが、ロサンジェルスにはたった七十八人しかいない」（ニール・サイモン）

西海岸の大都市も、生粋のニューヨーカーから見れば、ただの巨大な田舎町にしか見えないのでしょう。とってつけたようで恐縮ですが、最後に哲学者の名言を一つ。

「信仰は、まさに思惟《しい》の終わるところから始まる」（キルケゴール）

冗談を言ってる場合じゃありませんね。

神

人間が自由であるためには、
神があってはならない。

（シェリング）

【フリードリヒ・ヴィルヘルム・ヨーゼフ・フォン・シェリング】
1775～1854　ドイツの哲学者
フィヒテ、ヘーゲルと並ぶ、ドイツ観念論哲学の中心的な哲学者。ドイツ各地で教鞭をとり、生涯で思想は大きく変化したが、戦後はシェリング哲学のさまざまな要素の見直しがされている。

このシェリングの言葉は、神の存在を否定しているように見えますが、実は人間における「有限と無限の両立」が、彼のテーマだったのです。相対的な立場である人間が、絶対的な神を目指すところに、「人間の人格」が生まれると彼は考えました。

シェリング自身、振幅の大きい人生を送りました。若くして天才の誉《ほま》れ高く、ヘーゲルやフィヒテといった大哲学者の傍らで育ち、やがて彼らと袂《たもと》を分かちました。晩年にベルリン大学で行った講義には、なんと、マルクス、エンゲルス、バクーニン、ブルクハルト、キルケゴールなどの面々が聴講に訪れたといいます。

「人間が神のしくじりに過ぎないのか、神が人間のしくじりに過ぎないのか」（ニーチェ）

『悦ばしき知識』の中で、有名な「神は死んだ」と書いたニーチェの、諧謔《かいぎゃく》です。諧謔ですが、切れ味は抜群です。

近代の哲学は神との距離感に苦しんできた感があります。こういう時は、キリスト教の神を知らない、ギリシャの哲学者の言うことを聞きましょう。

「自分で得ることができることを、神に頼んでも無駄である」（エピクロス）

第四章

哲学者って、どんな人たち？

哲学者って、どんな人たち？

哲学

解決できない問題に関する
理解できない答え、
それが哲学である。

（アダムズ）

【ヘンリー・アダムズ】

1838〜1918　アメリカの歴史家

ハーバードで教えた歴史家で、「ノース・アメリカン・レビュー」という雑誌の編集長を７年間務めた。『合衆国史』を書き、『ヘンリー・アダムズの教育』で、死の翌年にピューリッツァー賞を受賞している。

この章では、あらためて「そもそも哲学者ってどんな人なの？」という素朴な疑問に答えていきたいと思います。あえて、歴史上最も有名な哲学に対する悪口から始めることにしました。ハーバードで教えていた歴史学者が言ったことなので、それなりの信ぴょう性がありそうです。それにしても、身もふたもないけなしようですねえ。

外野だけでなく、哲学者サークルからも、こんな声が聞こえてきます。

「話し手も聞き手も理解していない話、それを純粋哲学という」（ヴォルテール）

ここで言う「純粋哲学」とは「形而上学」とも訳される言葉。哲学の中でも空理空論に走りやすい分野であることは確かですが、「話し手も理解していない」のでは、もはや処置なしです。イギリスの哲学者ベーコンは、こんなふうに揶揄《やゆ》しています。

「これまで受け入れられ、あるいは見出された哲学は、いずれも舞台の上で生み出された芝居であり、虚構の演劇の世界を作り出したもの」（ベーコン）

これでは、哲学など三文芝居と変わりないことになってしまいます。がんばれ、哲学!!!

というわけで、最後は哲学者側からの反撃の一打をお見せしましょう。

「難解だというのは、哲学者に対する稚拙《ちせつ》な苦情である」（シェリング）

哲学

君たちは私から哲学を学ぶのではない。
哲学することを学ぶのだ。

（カント）

【イマヌエル・カント】

1724～1804　ドイツの哲学者

ケーニヒスブルク大学で哲学を講じ、『純粋理性批判』『実践理性批判』『判断力批判』の3批判書を書き、近代哲学の巨星となった。人間の自己信頼に発する理性主義を貫き、『永遠平和のために』も有名。

歴史上最大の哲学者は、プラトンとカントであるとよく言われます。ドイツの哲学者、ショーペンハウエルも最初に書いた論文の中で、「神のごときプラトンと偉大なるカント」と二人を崇《あが》めています。

そのカントは教室で言います。「諸君は私から『哲学する』ことを学んで欲しいのだ」と。つまり、「今から哲学するから、よく見ていなさい！」と言ったわけです。歴代の哲学者の中で、ここまで自信をもって哲学した人はいないでしょう。

カントの残した有名な言葉に、「内容なき思想は空虚であり、概念なき直感は盲目である」というのがあります。ちなみに、三百年後にケネディ大統領がある大学の創立記念日のスピーチで、次のように言っています。「学問なき自由は危険であり、自由なき学問は空虚である」。明らかにカントをお手本にした言葉だと思います。

ところで、偉大なるカントと言えども、四六時中哲学をしていたわけではありません。あるとき、こんな言葉をつぶやいています（ちなみにカントは一生独身でした）。

「真面目に恋をする男は、恋人の前では困惑し、拙劣《せつれつ》であり、愛嬌もろくにないものである」（カント）。モテない男の言い訳のようで、なんだか冴えません。

知

すべての人は、
生まれながらにして知らんことを欲する。

（アリストテレス）

【アリストテレス】
前384～前322　古代ギリシャの哲学者
万学の祖ともいわれるギリシャの大哲学者。マケドニアの医者の息子で、アテネでプラトンに学んだ。アレクサンドロス大王の教育係も務めた。『形而上学』『論理学』『詩学』など多くの著書を残した。

本書は、「哲学が役に立たないなんてうそだ。それどころか、哲学者は常に時代を先取りする人類の水先案内人なのだ！」という、哲学者側からの反撃の書と見ていただければ、おおかた当たっていると思います。

アリストテレスは、「哲学」と「形而上学」の始祖のような存在です。私はアリストテレスで卒論を書いたので、最も思い出深い哲学者のひとりです。

彼の出発点は、いたって素朴です。人間は生まれながらに知ることを欲する。子供の時から、何を見てもびっくりし、知的探求をスタートする、というのです。「驚異することによって人間は、知恵を愛好し始めたのである」（アリストテレス）

哲学は英語でフィロソフィーといいますが、この言葉はギリシャ語のフィロソフィア（知を愛する）から来ています。ここでアリストテレスが「知恵を愛好」と言っているのが、まさにそれです。ここに哲学という学問が産声をあげました。ついでながら、フランスのデカルトは、知ったかぶりは哲学とは言わないよ、と戒《いまし》めています。

「正しく哲学するためには、一生に一度、自分のあらゆる自説を捨てる決心をしなければならない」（デカルト）

疑い

懐疑《かいぎ》は知識への第一歩である。

（ディドロ）

【ドニ・ディドロ】
1713～1784　フランスの哲学者、作家
33歳の時に書いた『哲学断想』が焼かれ、36歳の時に書いた『盲人書簡』で投獄された。しかし、38歳の時から四半世紀かけて出版した『百科全書』は、フランス啓蒙時代の代表的書物となった。

ディドロは若い頃、神学研究を志しましたが、次第に信仰心を失い、やがて進歩的な哲学者となりました。神への道を断念したあと、生活のためにポルノ小説まで書いたそうです。いずれにしても、彼は「信じることへの懐疑」から哲学を始めたのです。

「哲学は疑義《ぎぎ》である」（モンテーニュ）

「懐疑とは方法である」（デカルト）

なぜか、フランスの哲学者が並びました。フランスで刊行されている新書シリーズに「文庫クセジュ」というのがあります。「クセジュ」は「私は何を知っているか？」という意味で、もともとはモンテーニュの『エセー』に書かれていた言葉です。

イギリスのロックも、こんなふうに呼応しています。

「確信の強さが、そのまま正しさの証拠になるわけではない」（ロック）

スペインの哲学者、オルテガが言うと、こうなります。

「思想は疑惑から生じる。すなわち、信念の中にできた空洞ないしは間隙《かんげき》から生じるのである」（オルテガ）

オルテガは、確信を失った現代の人間の生き方を探求しました。

哲学者

哲学者たちは世界を解釈しただけだ。問題は、世界を変革することなのだ。

（マルクス）

【カール・ハインリヒ・マルクス】

1818〜1883　ドイツの思想家、経済学者、革命家
急進的な新聞を編集して、パリに、さらにブリュッセルに移る。そこでエンゲルスと出会い、共産主義者同盟を組織。1848年に『共産党宣言』を完成。主著は『資本論』(全３巻)。

哲学者たちが調子に乗らないように、ここでマルクスの苦言をはさむことにしましょう。彼によれば、哲学者は机上の空論に花を咲かせるばかりで、世界に蔓延《まんえん》する問題を解決する力を持たない、ということになります。マルクスの同時代人であったニーチェも、こう言って、マルクスの苦言を裏付けています。

「事実というものは存在しない。存在するのは解釈のみである」（ニーチェ）

一方、アメリカの評論家メンケンは、哲学者に不幸者の烙印《らくいん》を押しています。

「人間の歴史には、幸福な哲学者がいたという記録は残っていない」（メンケン）

こうなると、哲学者のイメージは悪くなる一方です。世界を変えようともせず、空理空論に明け暮れた末に、不幸をかこつのが哲学者ということになってしまいます。もちろん哲学者サイドからの反論もあります。

「哲学とは、思索と言葉とによる活動で、幸福な人生を生み出す」（エピクロス）

快楽主義を提唱したエピクロスは、哲学者は幸福だと断言しています。

「一人の貧しいパスカルの出現のほうが、くだらない富豪の出現などよりずっと価値がある」と言ったのは、『星の王子さま』を書いたサン＝テグジュペリです。

コスモポリタン

私はアテネ人ではない。ギリシャ人でもない。世界の市民である。

（ソクラテス）

【ソクラテス】

前469頃〜前399　古代ギリシャの哲学者

相手に言葉の定義を求めることから発して、やがて相手に無知を自覚させるソクラテス式弁証法が、その後の哲学の歴史に与えた影響は計り知れない。青少年を惑わせたという嫌疑で死刑判決を受け、毒杯を仰いで亡くなった。（020ページ参照）

古代ギリシャは、都市国家（ポリス）が乱立抗争を繰り返す世界でした。その中で、プラトンの師のソクラテスは、「自分は都市の人間でも国家の人間でもなく、世界市民である」と高らかに宣言しています。

この世界市民思想は、古代ギリシャ、ローマの哲学者に受け継がれていきます。

「私はコスモポリタンだ」（ディオゲネス）

ディオゲネスは、ソクラテスの孫弟子にあたります。大きな樽の中に住んでいたので、「樽のディオゲネス」と呼ばれることもあります。「ボロは着てても心は錦」ではありませんが、路上生活をしつつ、心は世界市民でした。

この思想はローマ時代にも引き継がれ、哲人皇帝マルクス・アウレリウスは、このように言っています。

「私がアントス家の一員である限りは、私の都市、私の国というのはローマであるが、私が人間である限りにおいて、私の祖国は世界なのだ」（アウレリウス）

アウレリウスの二百年くらい前のローマの哲人キケロの次の言葉も印象的です。

「すべての人間が、唯一の共同体を形成するというのがわれわれの願いだ」（キケロ）

フェアネス

プラトンは、敬愛すべき友だが、
それより大切なのは真実である。

（アリストテレス）

【アリストテレス】

前384〜前322　古代ギリシャの哲学者

万学の祖ともいわれるギリシャの大哲学者。マケドニアの医者の息子で、アテネでプラトンに学んだ。アレクサンドロス大王の教育係も務めた。『形而上学』『論理学』『詩学』など多くの著書を残した。（080ページ参照）

ソクラテスを主人公にした対話篇を多数書き残したプラトンは、アテネに創設したアカデメイアという学校の学院長でした。そこで学んだのが、のちに大哲学者となったアリストテレスです。

彼は、現存はしていませんが、師のプラトンにならって対話篇もたくさん執筆しました。プラトンあってのアリストテレスではあったのですが、「自分にとって大事なのは、先生より真実である」と言い切っています。つまり、哲学者は「真実の探求者」であり、縁故だからといって盲目的に崇拝したり、忖度《そんたく》するような人たちではないということ。

このフェアネス（公正さ）の精神は、現代まで脈々と受け継がれています。

たとえば、オーストリアの哲学者、カール・ポパーは次のように述べています。

「すべては批判に開かれている」（ポパー）と。

最も客観性にすぐれていると思われている自然科学に対しても、遠慮はしません。「科学的知識は、結局のところ推測でしかなく、経験に照らして永続的に修正される」、「私たちにできることはただ、最善の理論に偽りがないかどうかを探ることである」と。ポパーの考える哲学者は、さながらフェアーなジャッジという感じです。

自由

すべての人が自由になるまでは、
誰も完全に自由にはなりえない。

（スペンサー）

【ハーバート・スペンサー】

1820〜1903　イギリスの哲学者、社会学者、倫理学者
17歳の時に鉄道技師になるが、その後ジャーナリズムの世界に入り、ダーウィンに先駆けて進化論の信奉者となる。主著は9巻に及ぶ『総合哲学体系』。社会ダーウィニズムを提唱した。

このスペンサーの言葉は、哲学者の気質、気概をよく表していると思います。いわば、〈われら哲学者宣言〉です。こう続きます。

「すべての人が道徳的になるまでは、誰も完全に道徳的になりえない。すべての人が幸福になるまでは、誰も完全に幸福にはなり得ない」（スペンサー）

こんなふうに地球上のすべての人のことを考える公平さ、コスモポリタン的発想、それこそ哲学が古代ギリシャ、ローマから引き継いだ精神といえるでしょう。

現代人のサルトルも、こう呼応しています。

「私は同時に他人の自由をも目標にするのでなければ、自分の自由を目標にすることはできない」（サルトル）

「自由は状況のうちにしかないし、状況は自由によってしか存在しない」（サルトル）

ここには、マルクスによって批判された、哲学者の傍観主義はみじんも感じられません。状況の中に入っていき、状況の中を生き抜く意思が感じられます。

「何人も、ドイツ軍占領下を生きていた頃ほど、自由を感じたことはない」という彼の言葉には、「ドイツ占領下」という状況の中で力強く哲学する姿勢が表明されています。

真に自由な人間は、
自分にできることだけ欲し、
自分の気に入ったことをする。
これが私の根本命題である。

（ルソー）

【ジャン＝ジャック・ルソー】
1712〜1778　ジュネーヴ生まれ、フランスで活躍した文筆家、哲学者、作曲家
『社会契約論』によって民主主義の原理を考究し、『エミール』によって「自然にかえれ」をモットーとする教育論を展開した。「むすんでひらいて」の作曲家でもある。猜疑心が異常に強く、トラブルメーカーでもあった。（062ページ参照）

このあと、ルソーは「教育の規則はすべてこれから導き出すことができる」と言い切っています。すなわち、教育の究極的な目的は「真に自由な人間」を育てることだということになります。

ドイツの哲学者オイケンは、次のように言っています。

「人は自然に隷属《れいぞく》しているが、それを知るがゆえに自由である」（オイケン）

人間に対する自然の圧倒的優位を知ることによって、初めて人間の自由は得られる、というのですね。

冷静なカントは、次のように言います。さすがの気配りです。

「互いに自由を妨げない範囲で、自分の自由を拡張すること、これが自由の法則である」（カント）

続いて、オランダのスピノザも何か言いたそうです。

「自由は、必然性を排除するものではなく、それを前提とするものである」（スピノザ）

最後にイギリスのミルが、「主権者」という言葉で自由を表現しました。

「個人は自分自身、すなわち自分の体と精神に対しては主権者である」（ミル）

言う権利

君の意見には反対だ。しかし、君がそれを言う権利は命に代えても守る。

（ヴォルテール）

【ヴォルテール（本名フランソワ＝マリー・アルエ）】

1694～1778　フランスの哲学者、文学者

フランスが生んだ最も重要な啓蒙思想家。哲学的風刺小説『カンディード』など、多くの文学作品があるほか、『哲学書簡』『哲学辞典』を著した。常に世の不正に目を留め、重なる投獄にも屈しなかった。

哲学者とは思えない、きっぱりと潔い言葉です。

前項の最後に、ミルが「主権者」という言葉を使って自由を表現した様子を見ましたが、ミルのほぼ百年前にフランスに生まれた自由思想家のヴォルテールが、「権利」という言葉をこんなに高らかな調子で使用していたのは、注目に値します。

ドイツの哲学者ジンメルは、「生の形而上学」というたいへん微妙な領域を専門としましたが、こんなふうに若者の「言う権利」を擁護しています。彼らをもち上げているのか、こき下ろしているのかよくわかりませんが。

「一般に、青年が主張する内容は正しくない。しかし、青年がそれを主張するそのこと自体は正しい」（ジンメル）

『キリストにならいて』という修道書で有名なトマス・ア・ケンピスは、こう書き残しています。「誰がそう言ったかを尋ねないで、言われていることは何か、それに心を用いなさい」。

現代フランスの哲学者サルトルは、「言う権利」にとどまらず「存在する権利」を主張しました。「私は存在する。それは私の権利である」と。

目的

人間を、それが自分自身であれ、他人であれ、たんに手段としてではなく、つねに目的として用いるように行為せよ。

（カント）

【イマヌエル・カント】

1724〜1804　ドイツの哲学者

ケーニヒスブルク大学で哲学を講じ、『純粋理性批判』『実践理性批判』『判断力批判』の３批判書を書き、近代哲学の巨星となった。人間の自己信頼に発する理性主義を貫き、『永遠平和のために』も有名。（078ページ参照）

人間の自由と権利を擁護する哲学者たちは、やがて「人間を手段として使う」ことに異議を唱えるようになります。

ここでカントが言っているのは、他人だけでなく、自分をも目的として行為せよ、ということです。しかし、世の中には、何かの主義や信条のために、自分の人生を手段と化している人が多いように見受けられます。

「ヒューマニズムの神髄は、一人として何らかの目的の犠牲になる人間がいないということのうちにある」（シュヴァイツァー）

ここで「目的の犠牲になる」というのは、「何らかの目的の手段となる」ことを表しています。アインシュタインの次の言葉も味わいがあります。

「知性は、方法や道具に対しては鋭い眼力を持っているが、目的や価値に対しては盲目である」（アインシュタイン）

彼は故国ドイツが原子爆弾製造計画に乗り出したことを察知し、これを阻止するための軍事力行使をやむを得ぬ措置と考えたのでした。

最後にガンジーの忘れがたい一句を。「目的を見つけよ。手段はついてくる！」。

第五章

語りえぬものを語る

無知

私は何も知らないが、知っているとも思っていない。

（ソクラテス）

【ソクラテス】

前469頃〜前399　古代ギリシャの哲学者

相手に言葉の定義を求めることから発して、やがて相手に無知を自覚させるソクラテス式弁証法が、その後の哲学の歴史に与えた影響は計り知れない。青少年を惑わせたという嫌疑で死刑判決を受け、毒杯を仰いで亡くなった。（020、086ページ参照）

かつて森有正さんの本を読んでいて、「西洋の思想の根底には根深い不可知論が横たわっていることに、ヨーロッパに来て気づいた」という意味の言葉が印象的だったのを覚えています。この「不可知論」の淵源《えんげん》は、「ソクラテスの無知」にあると思います。

この言葉は『ソクラテスの弁明』に出てきますが、直前には、こう書かれています。

「彼は何も知らないのに、何かを知っていると信じており……」

つまり、哲学者の使命は、「何かを知っている」と思い込んでいる人に、その知識の基盤がいかに危ういかを気づかせることだ、とソクラテスは考えたのです。

「実際には、われわれは何ものをも認識しない。なぜなら、真理は深淵の底に横たわっているものであるから」（デモクリトス）

古代ギリシャ人ながら原子論を唱えた天才、デモクリトスもこのように謙虚です。

「単なる無知よりも、〝無知であることへの無知〟こそが知識の死である」（ホワイトヘッド）

そして、とどめはパスカルにお願いしましょう。

「無知を恐れるなかれ。偽りの知識を恐れよ」（パスカル）

知識

人間はつねに、自分が理解できない事柄は、何でも否定したがるものである。

（パスカル）

【ブレーズ・パスカル】

1623～1662　フランスの哲学者、数学者、物理学者
計算機、気圧計、注射器などの発明者で、パスカルの定理でも有名。神秘体験を経て、ポール・ロワイヤル修道院に入り、イエズス会と対抗した。死後に発見された『パンセ』が有名。

人間は知識の有無で優劣を決めたがります。これは無理のないことで、たとえば駅で電車を待つ場合も、到着時刻を知っている人は悠然と待ち、知らない人はイライラしながら待たなくてはなりません。

「自分によくわからないものを称賛するのは正しくない。だが、それを非難するのはもっと間違っている」（ダ・ヴィンチ）

自分が知らない事柄に警戒心を持つのは仕方ないのですが、知らないことに嫌悪感を持つのは間違っています。いわゆる食わず嫌いですね。

再びパスカルに登場してもらいましょう。

「一つの事柄についてすべてを知るよりも、すべての事柄について何らかのことを知るほうが、ずっとよい」（パスカル）

これは、現代風に言えば、スペシャリストよりジェネラリストを待望する言葉です。

「自分がわずかのことしか知らないということを知るために、多くのことを知る必要がある」（モンテーニュ）

そして最後に、「何も知らない人は、何も疑わない！」（ハーバート）

思考

おおかたの人は、単にもろもろの先入観を並べ直しているにすぎない時に、ものを考えていると思い込んでいる。

（ジェームズ）

【ウィリアム・ジェームズ】

1842〜1910　アメリカの哲学者、心理学者
ハーバード大学で解剖学、生理学、哲学を講じた。哲学者としては、絶対的な実体を排してプラグマティズムを提唱。主著に、『プラグマティズム』のほか、『心理学原理』『宗教的経験の諸相』など。

先入観のカードを並べ直しても思考したことにはならない、とジェームズは言います。ということは、ものを考えるのは、何か新しい発見や、新しい問いかけをもたらす場合だということになります。

前項でご紹介した、「何も知らない人は、何も疑わない！」というハーバートの言葉を借りるなら、人は知ることにより、そしてさらに深く考えることにより、新たな問いを思いつくのだと思います。

先入観（偏見）に関しては、ヴォルテールの切れ味の鋭い言葉があります。

「偏見は、判断を持たない意見である」（ヴォルテール）

「日本語は非論理的な言語である」とか「英語は論理的な言語である」などが、判断を持たない意見（すなわち偏見）の典型的な例です。

しかし、いわゆるインテリだけがきちんと思考していると思ったら大間違い。

「人間は誰でも考えている。インテリだけが自慢しているのだ」（ボーヴォワール）

「自分たちだけが考えている！」というのは〝インテリの偏見〟に他なりません。

口直しにこちらをどうぞ。「私は飲むときに考え、考えるときに飲む」（ラブレー）

誰もが記憶力のなさを嘆くが、判断力のなさを嘆く者はいない。

（ラ・ロシュフコー）

【ラ・ロシュフコー】

1613〜1680　フランスの貴族、モラリスト文学者

大貴族の家に生まれ、恋と野望うずまく波乱の人生を送ったが、二度の負傷ののちに隠遁し、著述に専念。その代表作『箴言集』は、現在まで読み継がれている。現代風に言えば、コピーの先駆者。（034ページ参照）

多くの人が記憶力や暗記力の増進に憧れるのは、不思議なほどです。とくに暗記には、曲芸のような華やかさがあるのでしょう。ラ・ロシュフコーの言うように、判断力や思考力には、雲をつかむような曖昧な部分があります。

キルケゴールの次の発言は、記憶力よりも忘却の力に人々の関心を向けます。

「忘れるということができない者は、分別のある者にはならない」（キルケゴール）

記憶は、ある意味、われわれの頭に巣くう暴君です。モンテーニュが、記憶のからくりを次のように書き記しています。

「記憶はわれわれの選ぶものを見せてくれずに、自分の好きなものを見せてくれる」（モンテーニュ）

ここで、記憶に関するとっておきのジョークをご披露しましょう。言ったのは、アメリカの超人気エンターテイナーです。

「〝きのうは妻の誕生日だった！〟と気づくことができるのは、記憶のおかげである」（マリオ・ロッコ）

ただし、記憶の難点は、肝心な時には思い出してくれないことだと思います。

うそ

うそつきは、本当のことを言う場合も、信じられない。

（キケロ）

【マルクス・トゥッリウス・キケロ】

前106〜前43　共和政ローマの政治家、哲学者

「祖国の父」と慕われたが、カエサルが殺害されたあとは不遇で、最後は自分の領地で命を落としている。58の演説と哲学的な著作が残されており、今に残る名言も多い。（046、052ページ参照）

他の犯罪の場合は、改心すれば許される可能性がありますが、うそつきばかりはそうはいきません。「もううそはつきません！」という誓いの言葉がうそでない保証がないからです。

「自分の記憶力が十分確かでない者は、うそつきになろうとしてはならない」（モンテーニュ）

たとえば、偽名を使う者は、どこでどの偽名を使ったか、正確に覚えていなければなりません。名うての結婚詐欺師などはその最たるものでしょう。

古代ローマの弁舌家も、こう断言しています。

「うそつきは、記憶がよくないとなれない！」（クインティリアヌス）

では、誰かがうそをついていると気づいたら、どう対処したらいいのでしょう。ご安心ください。これにも一流の哲学者が答えてくれています。

「誰かがうそをついていると疑うなら、信じたふりをするがよい。そうすると彼は大胆になり、もっとひどいうそをついて正体を暴露する」（ショーペンハウエル）

なるほど、うそつきにとって、信じてもらうことは一種の脅威なのですね。

問うこと

何を答えるかではなく、何を問うかによって、その人を判断せよ。

（ヴォルテール）

【ヴォルテール（本名フランソワ＝マリー・アルエ）】

1694〜1778　フランスの哲学者、文学者

フランスが生んだ最も重要な啓蒙思想家。哲学的風刺小説『カンディード』など、多くの文学作品があるほか、『哲学書簡』『哲学辞典』を著した。常に世の不正に目を留め、重なる投獄にも屈しなかった。（094ページ参照）

このヴォルテールの言葉も、歴史に残る名言といえるでしょう。「何を問うか」「どんな問いを提出できるか」は、哲学者にとっても大きな課題となります。
「天才の役割は、新しい答えを出すことではなく、凡人が時間をかけて解くことのできる新しい問いを提起することである」（トレヴァー＝ローパー）
トレヴァー＝ローパーは、今世紀まで生きたイギリスの歴史家です。これに呼応するように、アインシュタインもこう言っています。
「大切なのは、問うのをやめないことだ」（アインシュタイン）
天才は、やさしい言葉で真実を語る能力を持つ人たちです。
「大切なのは、普通の語で非凡なことを言うことである」（ショーペンハウエル）
最後に、ラ・ロシュフコーが現代に通用する意見を述べています。
「声の調子や目つきや姿のうちにも、取捨選択した言葉に劣らない雄弁がある」（ラ・ロシュフコー）
言葉の内容よりも、声そのものや見た目や態度のほうが多くを語るとする「メラビアンの法則」を先取りした名言です。

言語

語りえぬものについては、沈黙せねばならない。

（ヴィトゲンシュタイン）

【ルートヴィヒ・ヨーゼフ・ヨーハン・ヴィトゲンシュタイン】
1889〜1951　オーストリア出身の哲学者
ウィーンに生まれ、ベルリン大学とマンチェスター大学で工学を学んだが、数理哲学に興味を持ち、ラッセルに師事。第一次世界大戦に従軍しつつ、『論理哲学論考』を書き上げた。後に説を変え、晩年には『哲学探究』を著した。

哲学は深淵な思想を語りたがりますが、ヴィトゲンシュタインは、言葉の限界に哲学者たちの注意を向けます。さらに、こうも加えます。

「言語でもって言語を語ることは不可能である」（ヴィトゲンシュタイン）

もともと人間は言葉を操る存在です。

「人間が使用している言葉や記号こそが、人間である」（パース）

しかし、言葉が一人歩きすると、真偽の判定のできない抽象論に向かいがち。特に哲学者は物事を複雑にする名人でもあります。それゆえ、古来、言葉の使用に関しては、警鐘を鳴らす哲学者もいました。中世イギリスのスコラ哲学者、オッカムはその代表格です。

「単純な考えほど、素早く真実に近づける」（オッカム）

「必要以上に仮説を立てるべきではない」（オッカム）

オッカムは、不要に言葉を使い、説明要素を増やすことを戒めました。このオッカムの言葉の省エネの思想は「オッカムの剃刀《かみそり》」と呼ばれています。アリストテレスから受け継いだオッカムの論理思考が、堅牢に見えた中世の哲学を崩壊に導きました。

本

読書は、自分の頭ではなく、他人の頭で考えることである。

（ショーペンハウエル）

【アルトゥール・ショーペンハウエル】

1788～1860　ドイツの哲学者

厭世観を基調にした哲学者で、主著『意志と表象としての世界』では、東洋的な世界観を哲学の世界に持ち込んだ。『読書について』『知性について』などの小著で、日本にもファンが多い。（050ページ参照）

私が中一で最初に買った岩波文庫の青版が、ショーペンハウエルの『読書について』でした。なので、この一文を見つけたのは半世紀以上前ということになります。読書を通して、他ならぬ読書の危険性を知る、この知的興奮（知的冒険）に私はワクワクしたことを覚えています。この本が哲学者との出会いとなりました。

読書については、古来から多くの哲学者がさまざまな言葉を残しています。

「ある本はその味を試み、ある本は呑み込み、少数のある本はよく噛んで消化すべきである」（ベーコン）

本を食べ物に擬し、「味わう→呑み込む→消化する」というように、内容の咀嚼の過程をイメージ化した名言ですね。次も同じベーコンの言葉です。

「読書は人間を豊かにし、会議は人間を役立つようにし、ものを書くことは、人間を正確にする」（ベーコン）

最後の「書くことで人間は正確になる」というのは、とんでもない名言です。

「すべて良き書物を読むことは、過去の最もすぐれた人々と会話をかわすようなものである」（デカルト）

本

良書の要約というものは、すべて愚劣なものである。

（モンテーニュ）

【ミシェル・ド・モンテーニュ】

1533〜1592　フランスの哲学者
高等法院の参事になったが引退し、『エセー』の執筆に専念し、「精神の自己対話」を続けた。歴史に残る懐疑家にしてモラリスト。シェークスピアに引用され、ベーコンに模倣された一流の書き手だった。（070ページ参照）

名作のあらすじを読むのを好む人がいます。一度に五十冊を読んだ気になるのは確かですが、何の役に立つのかはわかりません。ウディ・アレンはこう皮肉って言います。

「速読コースを受講し『戦争と平和』を二十分で読めるようになった。ありゃ、ロシアに関する本だね！」（アレン）

アレン一流のジョークですが、あらすじ読みにも通じるように思います。

「引用は好かない。知っている事実だけを語ってくれ！」（エマソン）

こちらは、はからずも〝引用についての引用〟でした。エマソン、すみません。

「有益な本とは、読者に補足を要求せずにおかないような書物である」（ヴォルテール）

これは素晴らしい名言ですね。読者の思考を促し、補足を促すのは、優れた本の特性だと思います。

最後に、一流の文献学者でもあったニーチェの、痛烈な学者批判です。

「本をめくることばかりしている学者は、ついにはものを考える能力をまったく喪失する。本をめくらないときには考えない！」（ニーチェ）

読書法

読書のコツは拾い読みにある。
したがって、賢明になるコツは
何を捨てるかを知る術にある。

（ジェームズ）

【ウィリアム・ジェームズ】
1842〜1910　アメリカの哲学者、心理学者
ハーバード大学で解剖学、生理学、哲学を講じた。哲学者としては、絶対的な実体を排してプラグマティズムを提唱。主著に、『プラグマティズム』のほか、『心理学原理』『宗教的経験の諸相』など。（104ページ参照）

ここまで、書物とはどういうものかに関する哲学者の意見を聞いてきました。次は、読書の方法についての意見を拝聴しようと思います。

右ページのジェームズが言いたいのは、こういうことです。多くの本はページ合わせのために引き伸ばしたり、間引いたりしながら書かれている。ならば、どこが重要な所なのかを見極めながら、重点的な読書をする必要がある、ということですね。

「人はあまりに早く読むか、あまりにゆっくり読めば、何ごとも理解しない」（パスカル）

思考しながら読む場合は、自分の思考スピードに合わせて読む必要があります。

「自分で行った貴重な省察は、できるだけ早く書き留めておくべきである」（ショーペンハウエル）

読んだことの九五％は翌日には忘れます。大事なことはメモしておきましょう。

「自分で自分の聖書をつくれ。読書のとき自分の耳にファンファーレとなって響いたすべての言葉や思想を選び集めるのだ」（エマソン）

素晴らしいアドバイスですね。本を読むということは本を編むことでもあります。

教育

人にものを教えることはできない。
自ら気づく手助けができるだけだ。

（ガリレイ）

【ガリレオ・ガリレイ】

1564〜1642　イタリアの物理学者、天文学者

1610年に屈折望遠鏡を発明し、天文観察を始め、コペルニクスの天動説を支持するようになる。教会から激しい非難を受け、宗教裁判にかけられた末、自宅軟禁の身になるが、研究を続けた。

これを読むと、ガリレイは超一流の科学者であるだけでなく、第一級の教育者であったことがわかります。『天文対話』などは、対話式の啓蒙書の傑作です。

「われわれはあまりにも言葉に重きを置きすぎる。しゃべりたてる教育によってわれわれが生み出すのは、おしゃべりな人間だけだ」（ルソー）

これは聴覚（一方的なレクチャー）に頼りすぎる教育への警告と読むことができます。とくに動きたい盛りの子供たちを一日中椅子に座らせ、話を聞かせるのは拷問のようなものです。それゆえ……

「教育こそ、人間に課された最大、かつ至難の問題である」（カント）

人間の知識は限られています。なので、単なる知識の伝承ではなく、考える力、問う力、そして行動する力をいかにして獲得するか（それを大人が手助けできるか）が重要です。

ところで、最初の哲学者といわれる古代ギリシャのタレスが、こんな名言を残しています。まさに二千五百年の風雪をくぐってきた珠玉の言葉です。

「君の両親に対する態度。やがて君の子供は、君に対して同じ態度をとるようになるだろう」（タレス）

教師

私は教師ではなく、
道を尋ねられた同行者にすぎない。

（ショー）

【ジョージ・バーナード・ショー】

1856〜1950　アイルランドの劇作家、評論家、教育家
20歳の時にロンドンに移り、社会主義者となり、フェビアン協会に参加する。ジャーナリストを経て作家となり、『人と超人』などを発表。『ピグマリオン』は後に「マイ・フェア・レディ」に翻案され、映画化された。

教師が教室で果たす役割については、最近さかんに議論されています。教師は一方的に教え込むより、生徒の思考や発言をうながすファシリテーターになるべきである、といった議論ですね。この一世紀前に書かれたショーの意見は、先見の明があったと言うべきでしょう。

「最もよい教師とは、子供と共に笑う教師である。最もよくない教師は、子供を笑う教師である」（ニール）

このイギリスの教育家ニールの発言は、耳を傾ける価値があると思います。デンマークの哲学者、キルケゴールもこう援護しています。

「悦びを教えるということにかけては、自ら悦びにあふれた者に勝る者はいない」（キルケゴール）

子供たちが楽しむ場は、楽しむ教師にしか作れないと思います。また、子供たちが発見する場は、発見する教師にしか作れないでしょう。

「子供たちの予期しない質問から教えられるところが多いと思われます」（ロック）

教室は、まず最初に教師が学ぶ場でなくてはならない、とロックも言っています。

第六章

天才は偉大にして孤独

天才は偉大にして孤独

天才

天才は、常に自分が百年先んじていること
に気づく。

（エマソン）

【ラルフ・ウォルドー・エマソン】
1803～1882　アメリカの哲学者、詩人
ドイツ観念論を学びつつ、アメリカの知的独立をめざし、国民意識の滋養に貢献した。アメリカを代表する哲学者のひとり。詩人だけあって、短句で人の心をつかむ才能があった。（048ページ参照）

哲学者には、時代を超えた天才が多くいました。エマソンは「天才は百年先んじている」と言っていますが、中には千年、二千年先を行っている天才もいました。
「狂気の要素のない偉大な天才は、いまだかつて存在したことはなかった」（アリストテレス）
天才の奇人ぶりは、このように、古代ギリシャのアリストテレスがすでに認めています。
哲学者たちの「天才に関する発言」を、もっと見ていきましょう。
「天才とは、自ら法則をつくる人間である」（カント）
このカントの天才定義によると、時代を先駆けた科学者のほうが天才の名にふさわしい気もします。
「世の中には創造する天才があるように、探す天才もあり、書く天才があるように、読む天才もある」（ヴァレリー）
「天賦《てんぷ》の才能がないといっても悲観すべきではない。才能がないと思うのならば、それを習得すればいいのだ」（ニーチェ）
ニーチェによれば、たとえ凡人に生まれても、天才は習得できるそうです。

芸術

物の美しさは、
それを見つめる心の中に存在する。

（ヒューム）

【デイヴィッド・ヒューム】
1711～1776　イギリスの哲学者
『人性論』『道徳の原理』などの哲学書を書いたが、なかなか認められず、『イギリス史』で名声を築いた。徹底的な経験論者で、形而上学を痛烈に批判し、抽象観念は心理的連想にすぎないと唱えた。

ヒュームは早熟の天才で、主著『人性論』を8年がかりで書き、出版した時、まだ弱冠二十八歳でした。とはいえ、哲学者としての名声は生涯築けず、全六巻の『イギリス史』などで有名になりました。ヒュームは、物質は心を離れて（人間から独立して）外界に存在することはないと考えていました。それゆえ、当然ながら「物の美しさ」も人間の心の中に存在すると考えたのです。

哲学と美学は、とても近いところに位置しますが、美は非常に主観的なものなので、哲学者にとって「美学」の構築は難題のひとつでした。

「芸術は〝私〟である。科学は〝われわれ〟である」（ベルナール）

これは、フランスの偉大な生理学者、クロード・ベルナールの名言です。芸術の主観性と、科学の客観性を印象的に語り分けています。また、アメリカの哲学者エマソンは、生まれながらの芸術家というのはいないのだ、と人々を鼓舞しています。

「どんな芸術家も、最初は素人だった」（エマソン）

哲学者にも芸術的な表現にたけた人もいました。その最たる例はシェリングでしょう。

「建築は、凍った音楽である！」（シェリング）。実に印象的な名句です。

偉大

偉大を試みる者は、
よしんば彼が失敗したとしても、
尊敬してやらねばならぬ。

（セネカ）

【ルキウス・アンナエウス・セネカ】

前1頃〜65　古代ローマの哲学者、政治家、著述家

スペインのコルドバに生まれ、コルシカに追放されるがローマに呼び戻され、皇帝ネロの教育を任される。その後、陰謀に巻き込まれて最後は自害する。『怒りについて』『人生の短さについて』などは、今も読み継がれている。（012、022ページ参照）

天才、芸術の次にくるテーマは偉大さです。

南極の極点到達を争ったスコットとアムンゼンの場合、勝ったアムンゼンだけでなく、敗れて命を落としたスコットの名前も歴史に残っています。結果のよしあしにかかわらず、「偉大なことにチャレンジする人は尊敬に値する」というのです。

「天然自然に、今ある通りのものであって、決して他の人を思い出させることのない人は、偉大である」（エマソン）

これは、偉大な人はユニークな人であり、他の人を連想させる亜流や傍流の人ではないのだ、と語っています。

「大きな欠点を持つのは、ただ偉大な人だけの特権である」（ラ・ロシュフコー）

偉大な人々の多くは、致命的な欠点を持っていました。しかし、その代償として、誰も及ばない才能や目標設定の持ち主だったのです。

「偉大であるということは、誤解されるということだ」（エマソン）

偉大な人は大きな欠点を持ち、容易に理解できるような人物ではないので、周囲の誤解や不理解に苦しみます。偉大な人は抵抗に合い、ますます偉大になるのです。

孤独

孤独は、すぐれた精神の持ち主の運命である。

（ショーペンハウエル）

【アルトゥール・ショーペンハウエル】

1788〜1860　ドイツの哲学者

厭世観を基調にした哲学者で、主著『意志と表象としての世界』では、東洋的な世界観を哲学の世界に持ち込んだ。『読書について』『知性について』などの小著で、日本にもファンが多い。（050、114ページ参照）

偉大な人は、昨日の努力の上に、今日のひらめきを乗せるような生活をしています。今どの地点にいるかなど、他の誰にもわかりません。それゆえ、すぐれた精神の人は常に孤独を味わいます。いえ、あえて孤独を愛しているのです。

「孤独を愛する者は、野獣か、しからずんば神である」（アリストテレス）

野獣は常に死を賭けてライバルと戦っています。勝ち残れば、勝者の孤独が待っています。でも、それは孤高の神の孤独に似ているというのです。

「孤独は魂の熱量を強化する」（シャトーブリアン）

仲間を作ってなれ合う人と違い、孤独は熱量を強化します。それゆえ、天才は常に世の中をあっと言わせる作品を作り続けることができるのです。

「孤独を愛さない人間は、自由を愛さない人間になってしまう。なぜなら、孤独でいるときにのみ、人間は自由になれるのだから」（ショーペンハウエル）

時代の地平を切り開く人は、その時代でいちばん自由な人です。

「自分の足で立っている者は、決して孤立なんかしない」（ソロー）

孤立する人は不自由を味わうのに対し、孤独な人は自由を享受します。

感情

天体の動きは計算できるが、人の気持ちはとても計算できるものではない。

（ニュートン）

【サー・アイザック・ニュートン】

1643～1727　イギリスの数学者、物理学者、天文学者
20代半ばに、微分積分の原理、引力の認識、光の本性に関する研究など、相次いで偉大な発見をする。1687年に初版が出た『自然哲学の数学的諸原理』は、科学史の金字塔となった。

アインシュタインと並び、科学の世界で二大天才と言われるニュートンは、論争の人でもありました。フック、ライプニッツらと、科学の未来を賭けた論争を繰り返しました。

一方、幼年期に母親に捨てられた記憶を持つニュートンは、生涯被害妄想の傾向があったそうです。そんなニュートンなので、「天体の動きは計算できるが、人の気持ちはとても計算できるものではない」という思いが強かったのかもしれません。

「人間をつくるのが理性であるとすれば、人間を導くのは感情である」（ルソー）

理性は大きなエネルギー源とはなりえません。人を動かすエネルギーは、感情から出てきます。謹厳《きんげん》なヘーゲルも、こう言います。

「世界で、情熱なしに成就されたものはなかったと確信する」（ヘーゲル）

時には怒りという激しい感情すら、行動のためのエネルギー源となることもあるのです。

「怒りは、しばしば道徳と勇気との武器となる」（アリストテレス）

ただし、理性を失って怒りに任せると、大きなエネルギーが仇《あだ》になる可能性があります。

それゆえ、セネカはこう釘を刺します。「自分で怒りを抑えるには、他人の怒る姿を観察することだ」と。

笑いとは、地球上でいちばん苦しんでいる動物が発明したものである。

（ニーチェ）

【フリードリヒ・ヴィルヘルム・ニーチェ】

1844～1900　ドイツの哲学者、古典文献学者

早熟な学者で、大学卒業前にバーゼル大学の古典文献学教授に就任。ワーグナーを称賛する『悲劇の誕生』が処女作。『ツァラトストラ』で超人思想を展開。1889年に精神障害を起こし、二度と回復することはなかった。（040ページ参照）

これは、数多いニーチェの言葉の中でも、とても印象に残る一句です。人間の中でも、最も苦しんだニーチェだから言えた言葉かもしれません。

「すべての日の中で、いちばんもったいないのは、笑わなかった日である」（シャンフォール）

シャンフォールはフランス革命期の著述家でしたが、革命後の恐怖政治に距離を置こうとして孤立し、自殺に追い込まれました。

イギリスのホッブスは、笑いをこう定義づけています。

「笑いとは、他人の弱点や過去の自分の弱さと比べて、いまの自分のほうが上だと認識することによって湧き上がってくる唐突な勝利感」（ホッブス）

なるほどとは思いますが、哲学者にとっても笑いを定義するのは、難問中の難問です。『笑』という本を書いたベルクソンも「ある定義の中に閉じ込めようとは思わない」と本の最初で断っています。

「笑顔は1ドルの元手もいらないが、百万ドルの価値を生み出す」（カーネギー）

これは『人を動かす』を書いたデール・カーネギーの名言です。

快楽

快楽は、至福なる人生のアルファにして
オメガである。

（エピクロス）

【エピクロス】
前341〜前270　古代ギリシャの哲学者
ヘレニズム期の哲学者。快楽主義で有名だが、肉体的な快楽ではなく、精神の平安を快として重要視した。エピキュリアン（快楽主義者）という言葉は、エピクロスに由来する。（064ページ参照）

エピキュリアン（快楽主義者）という言葉のもとになったギリシャの哲学者、エピクロスの言葉です。ただし、彼が人々に勧めたのは、肉体の快楽ではなく、苦痛と心配からの脱却の道でした。とはいえ、「快楽は、至福なる人生のアルファにしてオメガである」は実に思い切った発言で、ここまで快楽という言葉を高みに引き上げた哲学者は他に例がありません。

快楽に関しては、アリストテレスの次の名言があります。

「快楽は常に来るものと思うな。常に去るものと思え」（アリストテレス）

快楽を持続させることは、至難の業です。思いがけずやってきて、必ず去っていくのが快楽だというのです。快楽に関しては、パスカルも何か言いたそうです。

「人間にとって、苦痛に負けることは恥ではない。快楽に負けることこそ恥である」（パスカル）

そして、もうひとこと。

「情欲ほど愛に似ているものはないが、これほど愛と反対のものもない」（パスカル）

パスカルは、快楽を求める心と愛を峻別《しゅんべつ》したかったのですね。

希望とは、未来に対してつくウソである。

（シオラン）

【エミール・ミハイ・シオラン】

1911〜1995　ルーマニア生まれの作家、思想家

トランシルバニア地方に司祭の子として生まれる。若い頃の政治活動を悔い、悲観的な書物を多く書く。フランス語からの翻訳で、日本でも『カイエ』など多くの著書が出版されている。

これは意表を突く言葉です。しかし、よく考えると、なかなか真実を言い当てていると思います。そもそも「希望にすがる」という表現がある通り、希望はすがるものであり、裏切られて当然の宝くじのようなものなのです。シャンフォールも言います。

「希望は、常にわれわれを欺《あざむ》くペテン師である。私の場合、希望を失ったとき、初めて幸福が訪れた」（シャンフォール）

シャンフォールは「希望を失って初めて幸福が訪れた」と言い切ります。

古代ローマの哲学者、セネカもこんなふうに援護しています。

「生きることに最大の障害は期待をもつということであるが、それは明日に依存して今日を失うことである」（セネカ）

でも、公正を期すため、希望の肩を持つ発言も取り上げましょう。

「希望はすこぶる嘘つきであるが、とにかくわれわれを楽しい小道を経て、人生の終わりまで連れていってくれる」（ラ・ロシュフコー）

そして、最後にナポレオンの、いかにも英雄らしい次の言葉をプレゼントします。

「リーダーとは、希望を配る人のことである」（ナポレオン）

苦しみを恐れる者は、その恐怖だけですでに苦しんでいる。

（モンテーニュ）

【ミシェル・ド・モンテーニュ】

1533〜1592　フランスの哲学者

高等法院の参事になったが引退し、『エセー』の執筆に専念し、「精神の自己対話」を続けた。歴史に残る懐疑家にしてモラリスト。シェークスピアに引用され、ベーコンに模倣された一流の書き手だった。（070、116ページ参照）

このモンテーニュの言葉は、そのまま英語のことわざになっています。Who fears to suffer, suffers from fear.（苦しみを恐れるものは、恐れに苦しむ）ということわざです。このように、哲学者や文人の言葉がそのままことわざになる例はたくさんあります。歯医者に行く人は、歯医者に行くというだけで恐怖の虜《とりこ》になります。もてない男は「合コン」に参加するというだけで、混乱の極《きょく》に達するのです。

「恐怖は、常に無知から生ずる」（エマソン）

なので、恐怖を打ち破るには、その恐怖に立ち向かい、その正体を突き止める必要があります。アメリカの第三十二代大統領、フランクリン・ルーズベルトも大統領就任演説で、次のように述べています。

「私たちが恐れなくてはならない唯一のものは、恐怖そのものです」（ルーズベルト）

そして、アメリカの哲学者、エマソンはこう言って人々を鼓舞しています。

「自分が恐れていることをしなさい。そうすれば、もう怖くなる」（エマソン）

「飛ぶためには、抵抗がなければならない」というマヤ・リンの言葉も印象的です。彼女は、アジア系の建築家であったために、保守的なアメリカ人の抵抗にあいました。

天が癒すことのできない悲しみは、
地上にはない。

（モア）

【トマス・モア】
1478〜1535　イギリスの法律家、思想家、人文主義者
『ユートピア』の著者として有名な、政治家、著作家。ヘンリー８世のもとで大蔵大臣などを務めたが、のちにヘンリー８世と対立し、投獄され斬首された。

モアによれば、どんな悲しみも、時が経てば少しずつ癒されるというのです。

悲しみについて、独特の見解を示しているのが、ルーマニア生まれの哲学者シオランです。

「悲しみとは、どんな不幸によっても満足させられない欲望である」（シオラン）

これまた、なかなかの名言です。ここには、不幸を嘆く心と、不幸を悲しむ心の間の、わずかなニュアンスの違いが語られています。嘆きは絶望の感情ですが、悲しみは絶望の感情ではありません。悲しみは、一時の感情であり、しかもどこかに甘い「欲望」のにおいがする、というのです。次は、『欲望という名の機関車』の著者、テネシー・ウィリアムズの言葉です。悲しみの効用が見えてきます。

「わずかながらも、この世にある真実というものは、すべて、何かある悲しみを味わった人のものなんですね」（テネシー・ウィリアムズ）

悲しみは人生を深くし、目に見えないものに人の心を開きます。最後に、古代ギリシャの悲劇詩人、ソポクレスの至言をお目にかけましょう。

「喜びも、悲しみも、それが生じるのは人の心の中の同じ場所です。それでどちらに出会っても、涙があふれてくるのです」（ソポクレス）

涙

男がありとあらゆる理屈を並べても、女の一滴の涙にはかなわない。

（ヴォルテール）

【ヴォルテール（本名フランソワ＝マリー・アルエ）】

1694～1778　フランスの哲学者、文学者

フランスが生んだ最も重要な啓蒙思想家。哲学的風刺小説『カンディード』など、多くの文学作品があるほか、『哲学書簡』『哲学辞典』を著した。常に世の不正に目を留め、重なる投獄にも屈しなかった。（094、110ページ参照）

喜びの涙もあれば、悔し涙もあれば、言うまでもなく悲しみの涙もあります。しかし、人間が最も純一（ゼロの状態）になる瞬間、それは涙を流す時ではないでしょうか。
この「女の涙」に関するヴォルテールの言葉を、現代の科学は裏付けているようです。ある心理学の実験では、女の涙の成分を嗅ぐと、男は戦闘意欲を失い、優しい気持ちになってしまうそうです。
「泣くことも一種の快楽である」（モンテーニュ）
これは、前項で紹介した、シオランの「悲しみとは、どんな不幸によっても満足させられない欲望である」に通じる名句です。泣くことは人間を純一にし、そこから未来へのエネルギーが静かにあふれてくるのかもしれません。
「ともに泣くことほど、人の心を結びつけるものはない」（ルソー）
ともに笑うことも、泣くことも人々の距離を瞬時に縮める力があります。
「すべての人の目から、あらゆる涙を拭い去るのが、私の願いである」（ガンジー）
これは、人類から悲しみのもと、不幸のもとをなくしたいという願いが込められたガンジーの言葉です。

第七章

お金は世界を旅行する

お金は世界を旅行する

お金

お金は世界に君臨する神である。

（フラー）

【トマス・フラー】

1608〜1661　イギリスの聖職者、歴史家

ケンブリッジ大学に学び、ロンドンで活躍。1660年の王政復古とともに、チャールズ2世のもとで働き、機知に富んだ作品を残した。代表作は、死後に出版された『イングランドの名士たち』。

言われてみれば、おおかたの宗教は、お金の前にひれ伏すのが常です。
また、商才のない宗教は、絶対に生き残ることはできません。
「金で落とせない城はない」（キケロ）
これに関連して思い出すのは、「女は賢い。結局は経済力のある男をかぎ分ける！」という言葉です。悔しいけど、真実を言い当てているような気がします。
「お金は貧乏人のクレジットカードである」（マクルーハン）
これはカナダの思想家、マーシャル・マクルーハンの炯眼《けいがん》です。確かにお金とは、何の特典もつかぬ、〝使い捨てのクレジットカード〟なのかもしれません。
フランスの哲学者、アランも何か言いたそうです。
「金を持つにもさまざまな流儀がある。いわゆる金もうけの上手な人は、無一文になったときでも、自分という財産をまだ持っている」（アラン）
なるほどです。お金とは、お金を作るのが上手な人の「経験値」のようなものかもしれません。大金を失っても平然としている人がいる一方、おつりが五円違っても大騒ぎする人もいます。

お金

お金を嫌う者は多いが、
それを人にやってしまえる者は少ない。

（ラ・ロシュフコー）

【ラ・ロシュフコー】

1613～1680　フランスの貴族、モラリスト文学者

大貴族の家に生まれ、恋と野望うずまく波乱の人生を送ったが、二度の負傷ののちに隠遁し、著述に専念。その代表作『箴言集』は、現在まで読み継がれている。現代風に言えば、コピーの先駆者。（034、106ページ参照）

これほど納得のいく名言も少ないと思います。「お金など、どうでもいい問題だ！」と言いつつ、「では、誰かにあげてしまえば？」と言われて、その通りにできる人はめったにいません。

「〝お金がすべてじゃない〟などと言う人に限って、たんまりお金を持っているものだ！」。
これは、無名のアメリカ人が言った言葉ですが、正鵠《せいこく》を射ていると思います。そもそも、「お金など問題じゃない」と言う人は、すでにお金を問題にしているじゃないですか……。

「わずかしか金のない人が貧乏なのではない。もっと欲しがる人が貧乏なのだ」（セネカ）
セネカは悪名高いネロの教育係でしたが、後に悲劇的な死に追いやられました。では、もっと時代を遡《さかのぼ》り、プラトンに登場してもらいましょう。

「自分の子供たちには、しつけと道義はたっぷり残してやるべきだが、金はいけない」（プラトン）
稼いだお金はパーっと使ってしまうのが、子供のためにはいいようです。
最後に、お金に関する極めつきの名言をご紹介して終わりにしましょう。

「金で昨日を買うことはできない！」（スターク）

旅

世界は一冊の本であり、旅しない人々は本を一ページしか読まない。

（アウグスティヌス）

【アウレリウス・アウグスティヌス】

354～430　古代キリスト教の神学者、哲学者

初期キリスト教会最大の教父。父はローマの将校で異教徒、母は敬虔なキリスト教徒だった。ミラノのアンブロシウスによって改宗。主著『告白』は自伝であるとともに独創的な哲学書でもある。

なんて素敵な言葉なのでしょう。世界は一冊の本なのです。そして、旅をしない人は、その本を読もうとしない人々だというのです。ちなみに、アウグスティヌスは現在のアルジェリアに生まれ、カルタゴに遊学し、愛人との間に息子をもうけます。その後、ローマ、ミラノと居を移し、最後は北アフリカに戻っています。

「美しいものを見つけるために私たちは世界中を旅するが、自らも美しいものを携えて行かなければ、それは見つからないだろう」（エマソン）

心に美しいものを持たない人は、世界中をめぐっても美しいものを見つけることはできない、というのです。納得の一句です。

「発見の旅とは、新しい景色を探すことではない。新しい目で見ることなのだ」（プルースト）

このプルーストの言葉も、忘れがたい名言ですね。お次はダ・ヴィンチです。

「どこか遠くへ行きなさい。仕事が小さく見えてきて、もっと全体がよく眺められるようになります。不調和やアンバランスがもっとよく見えてきます」（ダ・ヴィンチ）

誰も知らない遠くの町を見に行きたい。そんな気持ちにさせられます。

経験

いかなる人の知識も、その人の経験を越えるものではない。

（ロック）

【ジョン・ロック】

1632～1704　イギリスの哲学者

主著『人間悟性論』により、認識論における経験説を確立し、イギリス経験主義哲学の代表者となった。政治学者としては、議会政治と三権分立を提唱。『政治二論』『寛容についての書簡』などの著書がある。

旅は人間に思い出と経験を与えます。というわけで、旅の次は経験をテーマに選びました。そのトップバッターは、哲学史で「経験」といったらこの人しかいない、イギリス経験論の中心人物、ジョン・ロックです。

経験を越えた知識や推論に飛躍しようとする哲学者たちに対し、どんな知識も、その人の経験に基づいている、と宣言したのがロックでした。ただし、ここでいう経験とは、「現場の経験がものを言う」というような意味の経験ではなく、「知覚に基づく経験」という哲学的な意味での経験です。

「経験は最良の教師である。ただし、授業料が高すぎる」（カーライル）

これは、「職業経験」に近い、下世話な意味での経験に関する言葉ですね。

「人間は、他人の経験を利用するという特殊能力を持った動物である」（コリングウッド）

コリングウッドは、考古学にも業績のあるイギリスの哲学者です。私は、この言葉を見ると、いつも次の英語のことわざを思い出します。「父親の経験を通して賢くなる者などいない」。父親がパチンコがうまくても、子もうまくなるとは限りません。

習慣

人間は習慣の束である。

（ヒューム）

【デイヴィッド・ヒューム】
1711〜1776　イギリスの哲学者
『人性論』『道徳の原理』などの哲学書を書いたが、なかなか認められず、『イギリス史』で名声を築いた。徹底的な経験論者で、形而上学を痛烈に批判し、抽象観念は心理的連想にすぎないと唱えた。（128ページ参照）

古来「習慣は第二の天性なり」という名言が伝えられています。古代ギリシャの哲学者ディオゲネスに発するという説と、古代ローマの政治家・哲学者であるキケロの著作によるという説があるようです。

これを受けて、パスカルは、こんなふうに述懐《じゅっかい》しています。

「自分には、習慣が第二の本性であるように、本性は第一の習慣に他ならないような気がする」（パスカル）

つまり、人間が習慣にしうることは、もともと人間の本性に根差したものであり、そうでなければ習慣にすることはできなかっただろう、というのです。

右ページのヒュームの言葉は、もっとエッジが効いています。そもそも人間は習慣の束なのだ！と言い切っているのです。つまり、学習も思考も習慣から成り立つというのですね。そういえば、ギリシャの昔にも、アリストテレスがこんなことを言っています。

「われわれは、繰り返し行った行動によってつくられる。行動ではなく、習慣が素晴らしさを生む」（アリストテレス）

人間は歴史から学ばない、
ということを私たちは歴史から学ぶ。
（ヘーゲル）

【ゲオルク・ヴィルヘルム・フリードリヒ・ヘーゲル】

1770〜1831　ドイツの哲学者

いわゆる「絶対的観念論」の代表者。ハイデルベルク大学、ベルリン大学で哲学教授となり、名声を博し、『精神現象学』『論理学』などの大著を残した。哲学的認識の唯一の方法として、弁証法を提唱した。

ヘーゲルは、壮大な哲学体系を築いた大哲学者です。それだけに、難解な言葉も多く、最も引用しにくい哲学者の一人と言えるでしょう。ヘーゲルによれば、歴史は出来事の集積であり、そこから学ぶことはできない。しかし、ある視点（史観）を持てば、歴史は別の相貌《そうぼう》を見せてくれる、ということになるでしょう。

次にお見せするのは、『自由からの逃走』で有名な、エーリヒ・フロムの言葉です。

「過去の危険は、人間が奴隷になることだった。未来の危険は、人間がロボットになるかもしれないことだ」（フロム）

これまでは人間の歴史でした。しかし、これからは、人間とロボットの歴史、あるいは、人間とＡＩの歴史に変わるのかもしれません。場合によると、ＡＩが歴史書を書く時代が来るかもしれません。もしかして、『西洋の没落』ならぬ、『人間の没落』という……。

最後は、少し時代を逆回しして、ルソーの言葉をご紹介しましょう。

「教育の真の目的は、機械を作ることではなく、人間を作ることにある」（ルソー）

とはいえ、これからの教育の大きな部分をＡＩが担っていくでしょう。

歴史家とは、逆向きの預言者である。

（シュレーゲル）

【アウグスト・ヴィルヘルム・フォン・シュレーゲル】

1767～1845　ドイツの文学者、文献学者

弟のカール・ヴィルヘルム・シュレーゲルと共に雑誌「アテネーウム」を創刊し、ロマン主義運動を推進する。シェークスピアの翻訳や、サンスクリット研究の基礎を築いたことで有名。

何とも、名句ですねえ。本書の中でも飛び切りの名句だと思います。哲学者のニーチェも、こう援護しています。
「歴史家は後ろ向きにものを見る。ついには後ろ向きに信ずるようになる」（ニーチェ）
歴史家は、人間の歴史を記述しますが、その中には推論や思い込みや、故意のウソが混入します。歴史家は、ある意味、神にもまさる存在です。さっそく証拠をご覧にいれましょう。
「神でも過去を変えることはできないが、歴史家ならできる」（バトラー）
19世紀に活躍したイギリスの作家、サミュエル・バトラーの炯眼です。
これまた、哲学者のスピノザが、こんなふうに援護射撃を行っています。
「神すら過去を改めることはできない」（スピノザ）
神の絶対性、完全性を説いたスピノザにして、このありさま。「何様なんだ、歴史家は！」と叫びたくなります。最後はフランスの批評家にとどめを刺してもらいます。
「歴史が判断を生むのではなく、判断が歴史を生むのだ」（ピコン）
能動態で書くか受動態で書くかだけでも、歴史の印象はまったく変わってしまいます。

政治

政治の真の目的は、自由の実現である。

（スピノザ）

【バールーフ・デ・スピノザ】

1632〜1677　オランダの哲学者

オランダのユダヤ系哲学者、神学者。デカルト哲学や、新しい科学思想に深い関心を持ったためにユダヤ人社会から追放される。生涯孤高の哲学者を貫き、『エチカ』『神学政治論』などの作品を残した。

すでにお話ししたように、哲学者の永遠の課題の一つは「自由」です。それは、思想の自由（精神的自由）でもあり、同時に行動の自由（政治的自由）でもあります。

スピノザは独特の神学を打ち立てたオランダの哲学者です。何といっても『エチカ』が有名ですが、生前に刊行したのは『神学政治論』を含む二冊だけでした。おそらく、出版の自由を制限されていたのでしょう。

「自由な世界のみが平和になることができる」（ヤスパース）

これはドイツの哲学者、カール・ヤスパースの『原爆と人間の将来』から。妻がユダヤ人であったことからナチスによって教職を追われた経験を持ちます。次の言葉は、『平和の条件』からの引用です。

「平和は自由によってのみ、自由は真実によってのみ、可能である」（ヤスパース）

哲学者が政治に加担することを熱心に説き、自ら実践したのがプラトンでした。

「政治に加担することを拒む賢者が受ける罰は、自分よりも劣った人間たちの政権下で生きることである」（プラトン）

哲学者は、精神と行動の自由を確保するために、政治に加担すべきだというのです。

子供と哲学

四十分経つのにどれくらいかかるの?

(ナターシャ・レイン)

【ナターシャ・レイン】

イギリスの著名な精神科医R.D.レインの長女。5歳の頃の魅力あふれる言葉が、レインの著書『子供たちとの会話』の中に多数書きとめられている。

ナターシャ・レインは、名著『引き裂かれた自己』を書いたイギリスの精神科医、R.D.レインの長女です。彼女が五歳の時に、こんな哲学的な名言を吐き、それを父親のレインが書きとめました。時間経過が人により主観的、相対的なことは五八ページでも取り上げましたが、これほど短い言葉で真実を語ることは、無垢な子供でないとできません。まさに驚異の言葉、驚異の哲学的センスです。

小さな大哲学者、ナターシャの言葉をいくつか引用してみましょう。

「すべての人がほほ笑むことができるの？」

「死ぬ時には私、もう死んでいたいな」

「（黙読中に）私が読んでるの、聞こえる？」

このような根源的な言葉を、大人は容易には語ることができません。次にお見せするのは、アメリカの子供が神様にあてて書いた手紙の中の言葉です。

「神様、死んでからも生き続けるのだとしたら、なぜ死ぬ必要があるんですか？」

「神様、人を死なせて新しいのと取り換える代わりに、どうして今いる人をそのまま使うんじゃダメなんですか？」

ネコ

犬が膝に乗って来るのは親愛のしるし。
ネコが膝に乗るのは、
そこのほうが温かいから。

（ホワイトヘッド）

【アルフレッド・ノース・ホワイトヘッド】

1861〜1947　イギリスの数学者、哲学者
1911年にケンブリッジ大学からロンドン大学に移籍し、1914年に同大学の理工学部の応用数学の教授となった。教え子のラッセルとの共著で『数学原理』を刊行。アメリカに移住し、『観念の冒険』などを著した。

哲学者や科学者など、極度に頭を使う人々にはネコ好きが多いようです。ホワイトヘッドは、イギリス出身の著名な数学者・観念論哲学者でしたが、どうやらネコ愛好家だったようですね。ネコの冷淡さも含めて、ネコを愛していたようです。

科学者といえば、宇宙膨張説を立証したハッブルも無類のネコ好きでした。人前ではニコリともしない堅物だったそうですが、ネコと一緒の写真では相好を崩しています。

「人生の悲惨から逃れる術が二つある。音楽とネコだ」（シュヴァイツァー）

シュヴァイツァーは、医者で音楽家でしたが、音楽とネコが慰めだったようです。

「もし人間とネコを掛け合わすことができたら、人間は向上するがネコは退化するであろう」（トウェイン）

さすがはマーク・トウェイン、ネコを語らせても笑わせてくれます。

最後にご紹介するのは、湖畔の哲学者、『ウォールデン――森の生活』を書いた、アメリカ人のソローです。

「ネコの素姓や運命すら知りもしないで、哲学者だなんて言えるものか」（ソロー）

いきなり哲学者のハードルを上げてくれましたね。

ネコ

岸が見えていれば、ネコは溺れない。

（ベーコン）

【フランシス・ベーコン】

1561〜1626　イギリスの哲学者、法学者、政治家

『新機関』『学問の進歩』などを書いたベーコンは、観察と実験によって認識に達するという経験的帰納法を唱えた進歩的な学者だった。政治家としては、賄賂の罪で投獄されるなど、不面目な晩年となった。（030ページ参照）

このベーコンの言葉は、次の名言と合わせて読むと妙味を増します。
「海のほか何も見えないときに、陸地がないと考えるのは、決して優れた航海士ではない」（ベーコン）
ネコと岸、航海士と陸地が、不思議なコントラストを醸《かも》し出しています。
ベーコンと同時代に生きたフランスのモンテーニュもネコ好きだったようです。
「ネコと戯《たわむ》れて、私とネコのどちらが気晴らしをさせてもらっているのやら」（モンテーニュ）
もう少し「ネコ名言」を拾ってみましょう。
「美学的見地からするとこの世には二つ完璧なものがある。時計とネコだ」（チャーティアー）
「ネコはすべてのものに目的があるとは限らないことを教えてくれる」（キーラー）
「あなたの視界から奴らが消えたとたん、あなたは奴らの記憶から消える！」（デ・ラ・メア）。次のはオマケです。
「ネコは尻尾で手話をする」（アモリー）

第八章

まだ何か言いたそうな哲学者

まだ何か言いたそうな哲学者

万物は流転する。

（ヘラクレイトス）

【ヘラクレイトス】

前540頃～前480頃　初期ギリシャの哲学者

エペソスの貴族の家に生まれる。深い思索と謎めいた言葉づかいのため、「暗い人」と呼ばれた。万物は生成の途上にあり、世界は対立物の調和の上に成り立つとした。100個ほどの断片が残されている。

第七章までで哲学カフェの交遊録は終わりにしようと思ったのですが、まだまだ何か言いたそうな哲学者が数人いるようです。そこで、この最終章では、古い順に、ヘラクレイトス、アリストテレス、ショーペンハウエル、キルケゴール、エマソン、ラッセルの六人に再登場してもらい、言いたい放題を許すことにしました。

「万物は流転する（パンタ・レイ）」は、ヘラクレイトスの思想をひとことで言い表した言葉として有名です。ヘラクレイトスに関しては、イギリスの文人、ウォルポールがこんな言葉を残しています。

「この世は、考える者には喜劇であり、感じる者には悲劇である。それが、デモクリトスが笑い、ヘラクレイトスが泣いた理由である」（ウォルポール）

ヘラクレイトスは、万物の休みない変転に物事の真実を見た哲学者でした。彼の有名な言葉に、こういうのもあります。

「人は同じ川に二度入ることはできない」（ヘラクレイトス）

同じ川といえども、流れて来る水は刻々と異なるので、それは同一の川とは言えないというのです。五七ページのダ・ヴィンチの言葉と合わせてお読みください。

希望とは、目覚めていて抱く夢をいう。

（アリストテレス）

【アリストテレス】

前384〜前322　古代ギリシャの哲学者

万学の祖ともいわれるギリシャの大哲学者。マケドニアの医者の息子で、アテネでプラトンに学んだ。アレクサンドロス大王の教育係も務めた。『形而上学』『論理学』『詩学』など多くの著書を残した。（080、088ページ参照）

ヘラクレイトスの死後百年ほどして、マケドニアに生まれたのがアリストテレスです。プラトンの学園アカデメイアで頭角を現し、万学の祖と言われる大学者になりました。アリストテレスは、希望について、ひとこと言いたかったようですね。

ギリシャの哲学者の特徴の一つは、政治にも関心が深かったことでしょう。そもそも英語の politics（政治）は、ギリシャのポリス（都市国家）が語源です。

「真の音楽家とは音楽を楽しむ人であり、真の政治家とは政治を楽しむ人である」（アリストテレス）

「唯一の安定した国家は、すべての国民が法の前において平等な国家である」（アリストテレス）

最後に、「読者にひとこと」とお願いしたら、こんな言葉が出てきました。

「友人がいなければ、誰も生きることを選ばないだろう。たとえ、他のあらゆるものが手に入ったとしても」（アリストテレス）

たしかに、喜びや悲しみを共にする友人がいなければ、生きている甲斐は感じられないでしょうね。

天才とは、
世界という書物を直接読破した人である。

（ショーペンハウエル）

【アルトゥール・ショーペンハウエル】

1788〜1860　ドイツの哲学者

厭世観を基調にした哲学者で、主著『意志と表象としての世界』では、東洋的な世界観を哲学の世界に持ち込んだ。『読書について』『知性について』などの小著で、日本にもファンが多い。（050、114、132ページ参照）

このショーペンハウエルの言葉は、一五四ページでご紹介したアウグスティヌスの次の言葉を思い出させます。

「世界は一冊の本であり、旅しない人々は本を一ページしか読まない」（アウグスティヌス）

ただし、ショーペンハウエルの言葉を正確に引用すると、次のようになります。

「学者とは書物を読破した人、思想家、天才とは人類の蒙《もう》をひらき、その前進を促す者で、世界という書物を直接読破した人である」（ショーペンハウエル）

一一五ページに書いたように、ショーペンハウエルは私が中一の時に最初に読んだ哲学者でした。その『読書について』という本の中に、ショーペンハウエルがアリストテレスの言葉を引用している箇所があります。

「アリストテレスも言っている。『巧妙な比喩を考え出すのは、特に最も偉大な業である。（中略）比喩の業は天才たることの証なのである』と。（『詩学』より）」

このように、哲学の歴史とは、時代や地域を超えて偉大な哲学者たちが呼応し合う、巨大な〝知のネットワーク〟の集積なのです。

絶望は死に至る病である。

（キルケゴール）

【セーレン・オービエ・キルケゴール】

1813〜1855　デンマークの哲学者、神学者

ヘーゲルの弁証法と教会キリスト教に反対。20世紀の実存主義に大きな影響を与えた。偽名で、『あれかこれか』『反復』『不安の概念』『死に至る病』などの名著を相次いで刊行した。（016ページ参照）

私が高校の時に最も心酔していた哲学者がキルケゴールでした。実は、キルケゴールを研究しようと思って大学は哲学科を選んだのですが、キルケゴールを理解するにはヘレニズム（ギリシャの哲学）とヘブライムズ（広義のキリスト教）を学ぶ必要があると気づき、とりあえずヘレニズムの代表であるアリストテレスの研究に打ち込み、卒論もアリストテレスで書きました。

右ページのキルケゴールの言葉は、『死に至る病』という著書の中核となる思想ですが、正しく引用すると、こうなります。

「絶望は死に至る病である。自己の内なるこの病は、永遠に死ぬことであり、死ぬべくして死ねないことである。それは死を死ぬことである」（キルケゴール）

同書の中の次の言葉も有名です。

「人間は一つの総合――無限と有限、時間的なものと永遠なもの、自由と必然――である」（キルケゴール）

要するに、キルケゴールは哲学において、生きている人間を、生きている姿のまま、丸ごと扱わなくてはならないと考えたのです。実存哲学者の先駆と言われる所以です。

ことばは化石となった詩である。

（エマソン）

【ラルフ・ウォルドー・エマソン】

1803〜1882　アメリカの哲学者、詩人
ドイツ観念論を学びつつ、アメリカの知的独立をめざし、国民意識の滋養に貢献した。アメリカを代表する哲学者のひとり。詩人だけあって、短句で人の心をつかむ才能があった。（048、126ページ参照）

エマソンは哲学者でもあり、同時に詩人でもありました。その思想は、詩的な美しさとともに表現されました。この「ことばは化石となった詩である」もその代表的な例と言えるでしょう。この句で思い出すのは、アメリカの詩人ブルックスの次の詩句です。
「詩は蒸留された人生である」（ブルックス）
エマソンの短句に戻ります。
「雑草とは何か？　それは美点がまだ発見されていない植物である」（エマソン）
そうかと思うと、こんな短句も残されており、思わず温かい気持ちになります。
「氷の上をすべるには、スピードを出すのが安全だ」（エマソン）
「友人を得る唯一の方法は、自分がその人の友人になることである」（エマソン）
「仕事の成功に対する報酬は、その仕事を成し遂げたということである」（エマソン）
最後に、エマソンにも「読者にひとこと」とお願いしたら、こんな言葉が出てきました。
これは、英語のことわざにもなっている名言です。
「自分に何ができるかは、自分以外の誰にも分からない。いや、自分でもやってみるまではわからないものだ」（エマソン）

幸福になるいちばん簡単な方法は、
他人の幸せを願うことだ。

（ラッセル）

【バートランド・ラッセル】

1872〜1970　イギリスの哲学者、数学者

20世紀の分析哲学の発展に最も大きな影響を与えた哲学者。徹底した平和主義のため、1918年に半年間入獄した経歴を持つ。ナチスの台頭とともに平和主義を捨て、大戦後は核軍縮の闘士となった。

ラッセルは哲学史上でも、奇人変人として有名です。その毒舌も激しく、たとえば同時代の政治家をこうこき下ろしています。
「マクミラン、ケネディ、フルシチョフの三人は、人類史上最悪の人物である」（ラッセル）。何もここまで言わなくても、という気がします。
しかし、哲学者としてはフェアであろうと心掛け、こんな言葉を残しています。
「自分の意見と違う意見に腹を立てず、そういう意見が出た理由を理解しようとする術を学ぶことが大事である」（ラッセル）
ラッセルにも「読者にひとこと」とお願いしたら、こんな言葉が出てきました。
「人間、関心を寄せるものが多ければ多いほど、ますます幸福になるチャンスが多くなる」（ラッセル）
「あなたの得意なことが、あなたを幸福に導いてくれる」（ラッセル）
そして、これだけは伝えておきたいと念を押されたのが、次の言葉でした。
「私は、どんなに前途が多難であろうとも、人類史の最もよき部分が未来にあって、過去にないことを確信している」（ラッセル）

参考文献

岩波哲学・思想事典（岩波書店）
岩波＝ケンブリッジ世界人名辞典（岩波書店）
岩波哲学小辞典（岩波書店）
世界思想教養辞典・西洋編（東京堂出版）
知の歴史―ビジュアル版哲学入門（ブライアン・マギー、ＢＬ出版）
初期ギリシア哲学者断片集（山本光雄編、岩波書店）
形而上学（アリストテレス、岩波書店）
読書について（ショーペンハウエル、岩波書店）
死に至る病（キルケゴール、岩波書店）
笑（ベルクソン、岩波書店）
不滅の言葉（ラーマクリシュナ、田中嫺玉他訳、中央公論社）
西洋哲学史　古代から中世へ（熊野純彦、岩波書店）
西洋哲学史　近代から現代へ（熊野純彦、岩波書店）
エピソードで読む西洋哲学史（堀川哲、ＰＨＰ研究所）

哲学の古典101（木田元編、新書館）
現代思想ピープル101（今村仁司編、新書館）
命題コレクション（坂部恵・加藤尚武編、筑摩書房）
哲学史見るだけノート（小川仁志、宝島社）
史上最強の哲学入門（飲茶、河出書房新社）
15分間哲学教室（アン・ルーニー、文響社）
いまこそ読みたい哲学の名著（長谷川宏、光文社）
思わずニヤリとする言葉（晴山陽一、青春出版社）
こころ涌き立つ英語の名言（晴山陽一、青春出版社）
すごい言葉（晴山陽一、文藝春秋）
「グッ」とくる言葉（晴山陽一、講談社）
名言の森（晴山陽一、東京堂出版）
世界名言大辞典（梶山健編、明治書院）
世界の知恵（国松孝二編、白水社）

三省堂実用名言名句の辞典（三省堂）
人生の名言１５００（宝島社）
座右の銘２０００（ＫＡＤＯＫＡＷＡ）
名言・座右の銘１５００（長岡書店）
世界を動かした名言（講談社）
極上の名言１３００（日本文芸社）
座右の銘（里文出版）
名言（里文出版）
解説世界の名言名文句事典（昭和出版社）
人生を変える言葉２０００（西東社）
Conversations with Children（R.D.Laing , Penguin Books ）
Children's Letters to God（Pocket Books）

本文デザイン／青木佐和子

青春新書
PLAYBOOKS

人生を自由自在に活動《プレイ》する

人生の活動源として

いま要求される新しい気運は、最も現実的な生々しい時代に吐息する大衆の活力と活動源である。

文明はすべてを合理化し、自主的精神はますます衰退に瀕し、自由は奪われようとしている今日、プレイブックスに課せられた役割と必要は広く新鮮な願いとなろう。

いわゆる知識人にもとめる書物は数多く窺うまでもない。

本刊行は、在来の観念類型を打破し、謂わば現代生活の機能に即する潤滑油として、逞しい生命を吹込もうとするものである。

われわれの現状は、埃りと騒音に紛れ、雑踏に苛まれ、あくせく追われる仕事に、日々の不安は健全な精神生活を妨げる圧迫感となり、まさに現実はストレス症状を呈している。

プレイブックスは、それらすべてのうっ積を吹きとばし、自由闊達な活動力を培養し、勇気と自信を生みだす最も楽しいシリーズたらんことを、われわれは鋭意貫かんとするものである。

―創始者のことば―　小澤和一

著者紹介
晴山陽一〈はれやま よういち〉
1950年東京都出身。早稲田大学文学部哲学科でギリシャ哲学を専攻。禅思想史の世界的権威、柳田聖山博士の指導を受ける。
卒業後、出版社に入り、英語教材編集、経済雑誌の創刊、多数の書籍刊行、ソフト開発などに従事。
1997年に独立し、精力的に執筆を続けている。手がけた書籍は10年連続で年間10万部の発行部数に及び、2007年に累計100万部を達成した。
著書に『すごい言葉』(文藝春秋)、『思わずニヤリとする言葉』『こころ涌き立つ英語の名言』(小社刊)などがある。

いまを乗《の》り越《こ》える
哲学《てつがく》のすごい言葉《ことば》
青春新書 PLAYBOOKS

2019年9月1日 第1刷

著者 晴《はれ》山《やま》陽《よう》一《いち》

発行者 小澤源太郎

責任編集 株式会社プライム涌光
電話 編集部 03(3203)2850

発行所 東京都新宿区若松町12番1号 〒162-0056 株式会社青春出版社
電話 営業部 03(3207)1916 振替番号 00190-7-98602

印刷・図書印刷 製本・フォーネット社

ISBN978-4-413-21144-4

青春新書 PLAYBOOKS

人生を自由自在に活動する――プレイブックス

ゴルフ 次のラウンドから結果が出る
パッティングの新しい教科書
小野寺 誠
スコアをつくるパッティングの極意。
プロはこう考えて、
こう読んでいたのか！
P-1140

毎日の健康効果が変わる！
食べ物の栄養便利帳
ホームライフ取材班［編］
体にいい有効成分、
ぞくぞく新発見！
まったく新しい食べ物の
〝トリセツ〟です
P-1142

ポリ袋だから簡単！発酵食レシピ
杵島直美
みそ、ぬか床、白菜漬け、
キムチ、粕床、麹床…
食べたい分だけ手軽に作れます
P-1143

いまを乗り越える
哲学のすごい言葉
晴山陽一
悩む、考える、行動する――
大事なことは
哲学者たちが教えてくれる
P-1144

お願い ページわりの関係からここでは一部の既刊本しか掲載してありません。
折り込みの出版案内もご参考にご覧ください。